EL INTERSTICIO DE LA COLONIA
Ruptura y mediación en la narrativa antiesclavista cubana

Ilia Casanova-Marengo

COLECCIÓN NEXOS Y DIFERENCIAS, N.º 3

Colección nexos y diferencias
Estudios culturales latinoamericanos

Enfrentada a los desafíos de la globalización y a los acelerados procesos de transformación de sus sociedades, pero con una creativa capacidad de asimilación, sincretismo y mestizaje de la que sus múltiples expresiones artísticas son su mejor prueba, los estudios culturales sobre América Latina necesitan de renovadas aproximaciones críticas. Una renovación capaz de superar las tradicionales dicotomías con que se representan los paradigmas del continente: civilización-barbarie, campo-ciudad, centro-periferia y las más recientes que oponen norte-sur y el discurso hegemónico al subordinado.

La realidad cultural latinoamericana más compleja, polimorfa, integrada por identidades múltiples en constante mutación e inevitablemente abiertas a los nuevos imaginarios planetarios y a los procesos interculturales que conllevan, invita a proponer nuevos espacios de mediación crítica. Espacios de mediación que, sin olvidar los nexos que histórica y culturalmente han unido las naciones entre sí, tengan en cuenta la diversidad que las diferencian y las que existen en el propio seno de sus sociedades multiculturales y de sus originales reductos identitarios, no siempre debidamente reconocidos y protegidos.

La **Colección nexos y diferencias** se propone, a través de la publicación de estudios sobre los aspectos más polémicos y apasionantes de este ineludible debate, contribuir a la apertura de nuevas fronteras críticas en el campo de los **estudios culturales latinoamericanos.**

Directores	**Consejo asesor**
Fernando Ainsa	Jens Andermann
Lucia Costigan	Santiago Castro-Gómez
Frauke Gewecke	Nuria Girona
Margo Glantz	Esperanza López Parada
Beatriz González-Stephan	Agnes Lugo
Jesús Martín-Barbero	Kirsten Nigro
Sonia Mattalía	Sylvia Saítta
Kemy Oyarzún	
Andrea Pagni	
Mary Louise Pratt	
Beatriz Rizk	

EL INTERSTICIO DE LA COLONIA

Ruptura y mediación en la narrativa antiesclavista cubana

Ilia Casanova-Marengo

Iberoamericana · Vervuert · 2002

Bibliographic information published by Die Deutsche Bibliothek
Die Deutsche Bibliothek lists this publication in the Deutsche Nationalbibliografie;
detailed bibliographic data is available on the Internet at <http://dnb.ddb.de>.

Reservados todos los derechos

© Iberoamericana, Madrid 2002
Amor de Dios, 1 – E-28014 Madrid
Tel.: +34 91 429 35 22
Fax: +34 91 429 53 97
info@iberoamericanalibros.com
www.ibero-americana.net

© Vervuert, 2002
Wielandstrasse. 40 – D-60318 Frankfurt am Main
Tel.: +49 69 597 46 17
Fax: +49 69 597 87 43
info@iberoamericanalibros.com
www.ibero-americana.net

ISBN 84-8489-067-8 (Iberoamericana)
ISBN 3-89354-605-7 (Vervuert)

Depósito Legal: M. 47.300-2002

Cubierta: Diseño y Comunicación Visual
Impreso en España por Imprenta Fareso, S. A.
Este libro está impreso íntegramente en papel ecológico sin cloro

ÍNDICE GENERAL

Agradecimientos 9

Introducción. Entre quiebres y mediaciones: desde la construcción del "tercer espacio" en la narrativa antiesclavista cubana   11

Capítulo I. El círculo delmontino: origen de la narrativa antiesclavista 19
- Antecedentes de la literatura cubana 19
- El círculo delmontino 21
- Sobre el alma de lo cubano 24
- Azúcar y escritura: contradicciones del antiesclavismo cubano 26
- "Los negros no bailan" 27
- Lo negro: poesía y perdición 29
- La violencia epistémica: el dilema del letrado cubano 31

Capítulo II. Entre el silencio y la ruptura: la escritura de *Autobiografía de un esclavo* 33
- Desde el jardín de bellísimas flores 36
- La niñez edénica 39
- Esa secreta línea de la ruptura 41
- "Entonses determiné [...] aprender a escribir" 44

Capítulo III. *Sab*: el color mulato de la Cuba colonial 47
- *Sab*, ¿novela antiesclavista? 48
- El trasfondo de la representación 50
- La cadena de sinonimias: reiteraciones de una misma identidad 51
- Las mudanzas del narrador: contrapunteo en blanco y negro 53
- Entre incertidumbres y ambigüedades 54
- El temor a lo "extraño" 57
- La libertad de Sab: fisura patriótica 60
- El narrador como paisajista 63

- Cubitas: formas de ver y pensar a la nación 65
- Intersticios del discurso colonial: conclusiones 69

Capítulo IV. Las sombras del lenguaje: el mulataje lingüístico en *Cecilia Valdés* 73
- La racialización de una línea divisoria 75
- Las inconsistentes intervenciones del narrador 76
- La lógica clasificatoria 81
- El horror a la mezcla racial 82
- La letra grifa del narrador 84
- "La gente de color" como amenaza 87
- Las (co)incidencias en *Cecilia Valdés* 89
- El temor a lo negro y a lo mulato 91
- Del temor a la desubicación: el lugar de pertenencia de *Cecilia Valdés* 93
- La autoridad narrativa: entre lo pedagógico y lo performativo ... 97
- La ambivalencia de las cursivas como suplemento 99
- Entre espejos, hilos y modelos: la sastrería de Uribe 100
- El enigma del lenguaje 105

Epílogo. Las fracturas del abolicionismo cubano 109

Bibliografía 113

A mi madre, con amor y admiración

AGRADECIMIENTOS

Estoy en deuda con mucha gente que ha contribuido de distintas maneras en la preparación de este trabajo. A todos quiero darles las gracias, aunque confieso que no hay suficientes palabras para expresarles mi gratitud. Quiero agradecer a Gabriela Mora, Gerard Aching y Luis Martínez-Fernández las sugerencias que hicieron posible la revisión preliminar de esta investigación. Muy en especial a Gabriela Mora por su atenta y diligente lectura del manuscrito. Igualmente a los lectores que recomendaron la publicación de este trabajo cuyos valiosos comentarios me ayudaron a refinar mis ideas.

A la St. Lawrence University le agradezco la constancia en el apoyo que ha hecho posible esta publicación al otorgarme el William B. Bradbury Jr. Faculty Support Award. Mi agradecimiento al decano Thomas B. Coburn por facilitar los medios que me permitieron concluir la primera versión de este trabajo. Gracias también a mis colegas del Departamento de Lenguas y Literaturas Modernas Ruth Kreuzer por su ayuda con los detalles técnicos durante la primerísima fase de este proyecto, Steven White por la asesoría editorial, Rita Goldberg por la generosidad de una pista que me sirvió para retomar esta investigación y Marina Llorente por su oportuna reflexión. Gracias, además, a Carine Ullom cuya paciencia y destreza supieron sortear mil embrujos computerizados durante la revisión inicial del manuscrito.

A mi padre Julio Casanova le doy las gracias por su amor incondicional y a mi hermano Ricardo le agradezco el celebrarme siempre tan amorosamente. A mi amigo Virgilio F. Acevedo, mi agradecimiento por tantos momentos de amistad.

Pero, sobre todo, quiero dejar constancia de mi gratitud a Susana Rotker, cuya memoria evoco con afecto al recordar el entusiasmo con el que acogió estas ideas y la honestidad intelectual de su lectura y comentarios.

Introducción

Entre quiebres y mediaciones: desde la construcción del "tercer espacio" en la narrativa antiesclavista cubana

Este trabajo plantea un acercamiento a la narrativa antiesclavista cubana desde la experiencia colonial. Lejos de considerar a los textos que aquí se estudian sólo como la traducción de la otredad del esclavo africano, mi análisis se ocupa de mostrarlos como producto de los múltiples entrecruces de poder en los que se debatía el sujeto intelectual cubano. Es así como en las obras antiesclavistas se representa al "otro" esclavo desde la posición privilegiada del intelectual criollo que habla de los sufrimientos de su "inferior" en la escala social, a la vez que acusa al gobierno colonial español. A partir de esa (o)posición de superioridad/inferioridad, la escritura antiesclavista representa el contradictorio cambio en las posiciones de poder por parte de sus autores, puesto que si están por "encima" del sujeto narrado, están por "debajo" de sus destinatarios ingleses. No hay que perder de vista que la intelectualidad cubana escribe desde la "marginalidad" de las Antillas a un lector británico con el que procuraba establecer una alianza neo-colonial, de acuerdo a los modelos occidentales de desarrollo. La posición mediadora del letrado criollo entre esclavos cubanos/poder inglés se convierte en un discurso de complejas y problemáticas confluencias que apuntan a la escisión de la Cuba colonial. Esta mediación que desata múltiples fisuras, ambivalencias y contradicciones en el discurso narrativo antiesclavista, le permite al sujeto colonial la articulación de estrategias de resistencia con que ventilar un saber alterno. Con ello instaura prácticas cognoscitivas que retan al orden colonial español, a la vez que infiltra su forma de pensar y sentir a la incipiente nacionalidad cubana, desfasada de la centralidad metropolitana.

Antes de iniciar nuestra lectura es necesario explorar esta idea de la ruptura y de la mediación *vis-à-vis* del orden colonial. Al hablar de ruptura aludo a cualquier tipo de interrupción abrupta en el discurso narrativo, de incoherencia descriptiva o de inconsistencia en el manejo de elementos tipográficos, tal como se presenta y se discute respectivamente en *Autobiografía de un esclavo* (1840) de Juan Francisco Manzano, *Sab* (1841) de Gertrudis Gómez de Avellaneda y *Cecilia Valdés* (1882) de Cirilo Villaverde. Estas particularidades de la escritura antiesclavista son las estrategias narrativas que maneja el sujeto intelectual cubano para insertar su voz en la rigidez del sistema colonizador metropolitano. Con ellas se da paso a la puesta en escena de su lucha por hacerse con un espacio epistemológico propio frente a la hegemonía española. Por su parte, la idea de la mediación apunta no sólo a la realidad de una subjetividad escindida entre Europa/África y los blancos/los negros/los mulatos, sino a la búsqueda de su independencia intelectual frente al centralismo peninsular. Es por ello que mi lectura no insiste en consideraciones críticas que ven la narrativa antiesclavista como la denuncia de las atrocidades del sistema esclavista o como un cuadro de la realidad socio-política de la Cuba decimonónica, para abordarla a partir de la complejidad del discurso minoritario que la atraviesa.

A lo largo de estas páginas la narrativa antiesclavista cubana no es simplemente la escritura-traducción del espacio de la otredad del esclavo cubano, sino de la otredad de la intelectualidad cubana. Es la legitimación de un saber criollo y marginal frente al discurso del poder español. A través de los silencios, las rupturas y las contradicciones del discurso abolicionista, el sujeto colonial subalterno se las ingenia para refutar la legitimidad totalizadora de la metrópoli, a la vez que la socava con un saber propio.

Con este propósito me acerco a *Autobiografía de un esclavo*, *Sab* y *Cecilia Valdés* desde la noción de un sujeto que se niega a permanecer en la periferia para asumir una posición contestataria que sabotea los cimientos del poder colonial al problematizar la oposición binaria del "centro" y del "margen". Es así como a partir de sus propias incertidumbres y ambivalencias; de su imposibilidad para anclarse en la marginalidad o diluirse en la centralidad del poder español, este sujeto revela las parcialidades que atraviesan al discurso colonial.

Mi estudio dialoga con acercamientos críticos como "From Serf to Self: the autobiography of Juan Francisco Manzano" (1991) de Sylvia Molloy, "El discurso jerárquico en *Cecilia Valdés*" (1991) de Juan Gelpí, "Cuerpo, Lengua, Subjetividad" (1993) de Julio Ramos y *The Representation of Slavery in Cuban Fiction* (1994) de Lorna V. Williams, entre otros. Estos escritos han contribuido a pensar la ficción abolicionista más allá del costumbrismo o del romanticismo; inclusive, a descentrarla del eje antiesclavista en cuanto a representación exclusiva de la realidad política, económica y social en que se debatía la Cuba decimonónica. La elaboración de ciertas agendas ideológicas –como la lucha por establecer una identidad cultural frente a la metrópoli, de crear las bases de la literatura cubana, de marcar diferencias entre "lo criollo" y "lo peninsular", de imaginar a un sujeto nacional como productor de un discurso que, a su vez, transparenta en su escritura las contradicciones que lo atraviesan– ha sido la incitación que ha motivado el diálogo que procuran ser estas páginas.

La gran mayoría de los estudios del corpus antiesclavista se ha dedicado en gran parte a explorar la narrativa abolicionista cubana desde su carácter propagandístico en su interés por generar compasión hacia el esclavo y por condenar el tráfico negrero; concentrándose, además, en el contexto de producción (Sánchez, Leante), el predominio de la estética blanca (Luis, Jackson) y el problema de la representación de los personajes negros (Schulman, Barreda). Y aunque el tema de la raza forma parte seminal de este trabajo, habría que señalar que mi acercamiento a la narrativa abolicionista se apoya en la manera en que la crítica negra y la poscolonial se plantean la escritura "racial". Lejos de aceptar la rigidez estructural de categorías étnicas como *lo* blanco o *lo* negro-*lo* mulato, teóricos como Henry Louis Gates Jr., Werner Sollors, Trinh T. Minh-ha y Satya P. Mohanty, entre otros, se han dado a la tarea de deconstruir ese binarismo cromático para mostrarlo como un proceso dinámico más que como un armazón inamovible. Los distintos enfoques que utilizan estos críticos al cuestionar el "mito del centro y del margen" o la idea de creer que en una colonia todo el mundo está en la periferia mientras que el centro no puede ser marginado o, más exactamente, que los blancos son los colonizadores y los negros los colonizados (Ashcroft, Griffiths y Tiffin, 1995: 213) me han permitido explorar mi idea de la ruptura y de la mediación. Sin procurar hacer un inventario exhaustivo de esos enfoques, paso ahora a esbozar algunos de los criterios teóricos utilizados en mi análisis.

El primero de ellos: el concepto de la escritura "racial" como un proceso interactivo. Pensar la escritura racial como una especie de "toma y daca" facilita la apreciación de las dinámicas culturales, sociales y estéticas que reproducen los textos antiesclavistas. Esa energía propulsora deconstruye la barrera centro/margen o blanco/negro-mulato, deshaciendo lo que parecería ser el propósito de estas obras; es decir, la búsqueda por establecer separaciones rampantes entre blancos y negros. Al pensar la escritura antiesclavista como un proceso plurivalente, me aparto de las vertientes críticas que la han considerado como inventario de las relaciones entre razas (Jackson 1976), de la representación de la esclavitud (William Luis 1990) o de la caracterización de los esclavos (Barreda 1979). Mi distanciamiento de ese tipo de análisis me lleva a acercarme, sin embargo, a las rupturas textuales que se discuten en los próximos capítulos. Esos quiebres que se observan en irregularidades descriptivas o interrupciones en el discurso narrativo permiten entender la ficción abolicionista como textos portadores de "semillas de comunidad", según la definición de Ashcroft, Griffiths y Tiffin (1989). Al discutir una de las obras a las que aplican la teoría de la poscolonialidad, estos autores señalan que, aun cuando los textos poscoloniales puedan estar tratando problemas de raza y cultura en apariencia claramente definidos, cada escrito contiene semillas de comunidad que al germinar y crecer en la mente del lector dan al traste con la ineludible dialéctica de la historia, que es el encuentro entre "lo puro" y "lo híbrido" (1989: 35).

Entender la separación racial como un eje dinámico, permite agudizar la mirada para penetrar en el deseo/rechazo o en la fascinación/repugnacia que proyecta la voz narrativa sobre el "otro" negro/mulato, en un gesto que descubre al hablante como sujeto-objeto de su escritura. El quiebre de esos binomios raciales conecta con mi segundo criterio teórico: el sujeto como productor de enunciados que lo atraviesan y transparentan como un ente inmerso en la lógica discursiva.

El narrador de la ficción abolicionista, a pesar de ser el emisor de un discurso que pretende ordenar las diferencias raciales, no puede evitar ser objeto de la representación. Es por ello que se le descubre inmerso en contradicciones y ambivalencias como sujeto producido y productor de la arbitrariedad misma con que traza espacios de pertenencia racial. Su confusión genera las rupturas discursivas que aquí se analizan y en las que afirma su semejanza con relación a lo negro en cuanto a ser excluido del centro discursivo metropolitano, a la vez que se recuerda su otredad con respecto a lo blanco peninsular al pensarse desde "lo cubano" y en oposición a "lo español".

Es por esta razón que la lectura cuidadosa de quiebres textuales nos permite entender las contradicciones que atraviesan al sujeto de la enunciación cuando procura agregar el elemento de lo negro al discurso de la identidad nacional, legitimar su autoridad como intérprete de la realidad cubana y construir su "diferencia" frente a lo peninsular. Sin embargo, agregarlo a su definición de "lo cubano" es someterlo a la rigidez de categorías raciales que delatan su vacilación entre deseo/incorporación y rechazo/sometimiento. Aunque, en apariencia, ese vaivén parecería guardar una relación exclusiva con lo negro como un problema exterior al sujeto blanco colonial, esas relaciones ambivalentes permiten leer también el problema que confronta el letrado cubano al procurar definir su autoridad frente al poder metropolitano. Esa mediación entre ambas realidades es la que produce, por ejemplo, fisuras en la descripción del personaje mulato en *Sab* e irregularidades en el uso de las letras cursivas en *Cecilia Valdés*. Como declara Trinh T. Minh-ha en "No Master Territories": "Any mutation in identity, in essence, in regularity, and even in physical place poses a problem, if not a threat, in terms of classification and control. If you can't locate the other, how are you to locate yourself" (1995: 217). Y es por eso que a la contrariedad que confronta el letrado cubano al tratar de localizarse a sí mismo dentro de la estructura colonial hay que explorarla a la luz de ese "tercer espacio", producto de las contradicciones del discurso antiesclavista desde donde la intelectualidad cubana se las ingenia para retar a la hegemonía española y colar su visión de la realidad nacional.

En "Signs taken for wonders: Questions of ambivalence and authority under a tree outside Delhi, May 1817", Homi Bhabha señala que "for the colonial hybrid is the articulation of the ambivalent space where the rite of power is enacted on the site of desire" (1994: 112). En ese intersticio de la ambivalencia discursiva, en el que se concentra mi estudio, se negocia la identidad nacional cubana y se desautorizan las prácticas reguladoras del poder metropolitano, por medio de la negación de lo que Abdul JanMohamed denomina "alegoría maniquea". Por lo tanto, las rupturas discursivas a las que se alude son las piruetas estratégicas de que se vale el colonizado "marginal" para transgredir el discurso colonizador "central". Así muestra su interpretación de la realidad racial cubana como híbrida, apartándose de las categorías condensadoras peninsulares que pretenden encerrar el espacio colonial en divisiones raciales como lo blanco y lo negro/lo mulato.

Es por ello que mi acercamiento a la ficción abolicionista no se contiene dentro de los parámetros subalternos que la palabra "sujeto" conlleva como ente sometido, sino que se sitúa como ente rebelde que fluctúa entre "el centro" y "el margen" con el fin de repujar en la superficie colonial un espacio de resistencia. Es a partir de él desde donde articula diversas posiciones con las que no sólo da al traste con la oposición binaria del "yo" y del "otro", sino que elabora una tercera subjetividad con que legitima su autoridad para promulgar un saber que transgrede la centralidad del maniqueísmo colonial. En mi exploración de ese ámbito transgresor, la escritura racial como un proceso plurivalente, las dinámicas de apropiación/negación que atraviesan al sujeto narrativo y la creación de un espacio intermediario criollo se confunden, a la vez que se entrelazan con otras disquisiciones teóricas.

El primer capítulo de este trabajo traza la ubicación histórica de la narrativa antiesclavista dentro de la producción literaria cubana y dentro de la realidad socio-política de la época. La contextualización general de las múltiples agendas políticas que se entrecruzan en la ficción abolicionista facilita, por un lado, la comprensión del espacio colonial en el que se originan estos textos, a la par que dirige nuestro rastreo de las dinámicas escriturarias desde las que la intelectualidad cubana comienza a sentar las bases del discurso nacional cubano frente al metropolitano.

El segundo capítulo estudia la dirección ideológica de las interrupciones del discurso autobiográfico en *Autobiografía de un esclavo* de Juan Francisco Manzano, de algunas de las ya características rupturas del hilo narrativo como: "no se desir lo q^e. aqui paso" (37), "pero pasemos en silencio el resto de esta exena dolorosa" (45), "Asi saltando p^r. ensima de barias epocas dejando atrás una multitud de lanses dolorosos me señiré unicamente a los mas esenciales" (49), "pero vamos a saltar desde los años de 1810, 11 y 12 hasta el presente de 1835 dejando en su intermedio un bastisimo campo de visitudes escojiendo de él" (51). Al estudiarlas, lo que pretendo es demostrar que por encima de la manipulación y de la censura a que fue sometida la obra, el narrador se las ingenia para dejar sus marcas de escritura y con ellas trazar la particularidad de su localidad cultural. La producción de un texto por encargo, no le impidió al autor arreglárselas para que su voz emergiera más allá del interés propagandístico que se le adjudicó en la época a su relato.

Profundizo en el texto de Manzano principalmente a partir del concepto teórico del rizoma que Gilles Deleuze y Félix Guattari (1983) definen como las líneas de segmentación y fuga que cohabitan en todo texto y que, al reproducirse, inician la inevitable ruptura. La escritura rizomática de *Autobiografía* devela las interioridades que Manzano pretende silenciar en el relato oficial de su vida como esclavo. Al explorar esas interioridades me concentro en su primera gran ruptura textual: "Pasando por alto otros pormenores ocurridos en los dias q^e. debia recibir el bautismo, me señiré unicamente a lo agradable pues ahora voi corriendo por un jardin de bellísimas flores, *una serie de felicidades*" (35). Este quiebre en el discurso autobiográfico da origen a lo que he llamado el "discurso de la interioridad" y desde el que me acerco a esa metáfora del jardín que en mi análisis se interconecta con la construcción de una niñez idílica, la celebración de la memoria, la imaginación y la creatividad del sujeto autobiográfico. La complejidad semántica de todos estos elementos hacen de *Autobiografía* un texto rebelde que no cuadra dentro del marco genérico de una autobiografía escrita por un esclavo.

El tercer capítulo se dedica a la exploración de *Sab* de Gertrudis Gómez de Avellaneda a partir de la ambivalente descripción física del protagonista mulato para mostrar cómo la fisura en la representación de este personaje reta al espacio colonial. Esta sección hace hincapié en la ambivalente autoridad del narrador frente a los componentes raciales o culturales (leyendas, creencias, espacios nativos) que conforman "lo cubano". Es, precisamente, esa autoridad zigzagueante frente a la diferencia que representan todos esos elementos, lo que le permite al colonizado establecer micro-prácticas de significación que dan al traste con el poder metropolitano y el maniqueísmo colonial.

Al comentar estas "estrategias del débil" trabajo muy de cerca con la descripción gótica del paisaje de Puerto Príncipe, en donde transcurre la acción narrativa, a la vez que me detengo en la leyenda del cacique Camagüey y en el personaje de la vieja india Martina, en quien la crítica literaria parecería no haber reparado. Todos estos elementos periféricos le sirven al narrador para romper con los esquemas unívocos de representación que caracterizan al orden colonial metropolitano, mientras ventila nuevas formas de ver y de sentir a la incipiente nacionalidad cubana.

Por su parte, el cuarto capítulo, centrado en *Cecilia Valdés* de Cirilo Villaverde, estudia los esfuerzos del narrador por controlar el lenguaje que marca los espacios raciales en la novela. Esta fase de mi estudio se concentra particularmente en la tensión que se genera entre lo blanco y lo negro-lo mulato como resultado del manejo irregular de las letras cursivas en el texto villaverdiano. Valga aclarar que al hablar de cursivas no me refiero a las "convencionales" que marcan normas gramaticales para establecer diferencias entre escritura/oralidad y corrección/incorrección si no a las "grifas" que son aquéllas que dificultan la disyunción racial que establece el narrador al inicio de la novela. El uso irregular de esas bastardillas problematiza las relaciones blanco/negro-mulato, yo/otro, inclusión/exclusión inscritas en el lenguaje narrativo. La ambigüedad con que se las emplea es la maniobra táctica a la que recurre Villaverde para infiltrar su voz en el discurso metropolitano, y así dar paso a su definición de la identidad nacional, a la vez que niega y reta los espacios raciales que establece el poder colonial español. En esta sección se ofrece un minucioso inventario de las múltiples instancias narrativas en las que se desintegra el engranaje lingüístico de la diferencia étnica para dar paso a la "racialización", lo cual complica lo que de primera intención parecía una diáfana división racial entre "los hombres de color" y "los blancos", tal y como se propone al inicio de *Cecilia Valdés*. En sus conclusiones, el estudio pasa revista a las ambivalencias del discurso antiesclavista como un "contra-discurso" que, desde su "marginalidad", socava los cimientos del poder metropolitano español.

Para finalizar, tan sólo resta decir que el hilo unificador de estas reflexiones lo determinan las siguientes preguntas, resumen de lo planteado hasta ahora: ¿qué comunican las fracturas del lenguaje antiesclavista sobre la experiencia colonial cubana? ¿Cómo reflejan estas rupturas la ambivalente posición de Cuba en su traducción del esclavismo africano, retrato de su propia situación frente a España? Este análisis, lejos de aspirar a respuestas totalizadoras, sólo intenta abrir un espacio para el despliegue de nuevas interrogantes en la intrincada y problemática realidad de la Cuba decimonónica. Tras su búsqueda van estas reflexiones.

Capítulo I

El círculo delmontino:
origen de la narrativa antiesclavista

• **Antecedentes de la literatura cubana**

> ¿Qué había ocurrido [...] para que de repente estallara en Cuba esa "intensa capacidad literaria"? Quizá el mismo del Monte no habría podido responder a tal pregunta de una manera aceptable. Se hallaba envuelto por su situación particular y es muy probable que viera esta súbita actividad literaria como una expresión de su voluntad; esto es, como el fruto de su talento organizativo y de su decisión de articular una literatura que respondiera a la contradicción que percibía en la sociedad.
>
> Benítez Rojo (1988: 202-203)

La rebelión haitiana (1791-1803) hizo de Cuba la mayor productora de azúcar en el mundo y sembró entre sus esclavos un sentimiento de orgullo que se materializó en dos conspiraciones y varias revueltas. En 1812 se originó la conspiración de José Antonio Aponte que contó con la ayuda de negros haitianos. Aponte era un negro libre que vivía de su oficio como carpintero y que formaba parte de la "burguesía de color". Su rebelión inició el levantamiento de esclavos en Santiago de Cuba y Puerto Príncipe para luego extenderse a La Habana y Matanzas. El plan era soliviantar a los soldados de color de La Habana, para invadir los cuarteles y armar a otros negros libres (Masó 1976: 145). Pero el plan fracasó y en mayo de 1812 fue detenido junto a otros negros[1]. En abril fue condenado a muerte y su cabeza exhibida como escarmiento.

---

[1] William Luis explica que la conspiración fracasó porque: "There was dissension among the rebels. Unity was not based totally on race; some blacks and mulattoes preferred to defend the colonial system" (1990: 14).

Fueron esos continuos actos de rebeldía los que propiciaron en 1844 la conspiración de la Escalera. Ésta se originó cuando un hacendado de Matanzas le comunicó a las autoridades que los esclavos de un distrito cercano planeaban sublevarse. Al enterarse, el capitán general Leopoldo O'Donnell (1843-1848) se encargó de torturar a los esclavos sospechosos y de ejecutar a sus líderes. Como al ser azotados se los colocaba contra una escalera, la conspiración derivó de este hecho su nombre (Paquete 1988: 3-4). Esta revuelta no sólo mermó a un buen número de esclavos, sino también a la burguesía de color compuesta por negros y mulatos libres y fue por ello que se la consideró un complot de O'Donnell para deshacerse de una clase libre y pensante que amenazaba el orden colonial. La rebelión le dio razones para inculpar a la "burguesía artesanal" –la mayoría eran sastres, choferes, cocineros, músicos, carpinteros– basándose en el hecho de que la conjura no pudo haberse organizado sin la intervención de hombres libres. La conspiración de la Escalera desparramó el miedo a la raza negra por todo Cuba, lo que provocó que los mayorales se tornaran más abusivos manifestando su temor a la insurrección en infinidad de castigos[2]. Como explica Louis A. Pérez Jr., en *Cuba. Between Reform and Revolution:*

> Spanish authorities made more than four thousand arrests on suspicion of plotting to overthrow the government. Authorities used the dread of slave conspiracy to justify widespread repression, and pursued suspects with uncommon ferocity: torture, floggings, and executions in the most grisly manners. Hun-

---

[2] En *Los negros esclavos*, Fernando Ortíz señala que:

El castigo o pena más usual era el de azotes. Era el de ejecución más fácil, más ejemplar, menos costoso para el amo. Era también legal, reconocido por el derecho.

La fantasía de la crueldad creó algunas variantes a la flagelación de los esclavos. Así, se llamaba *novenario* cuando el número de azotes era solamente de nueve diarios que se repetían durante nueve días seguidos, con lo cual el número de aquéllos podía aumentar, sin peligro inmediato para la vida del esclavo.

El *boca-abajo llevando cuenta* era aquel que se imponía al negro agravándolo con la obligación de ir contando los latigazos que recibía; un error significaba recomenzar la pena, que, por ser tal error cosa harto explicable y natural, se convertía en una flagelación sin duración realmente predeterminada que dependía del arbitrio del mayoral o de los contramayorales azotadores.

La flagelación solía agravarse, refinarse su crueldad, pues so pretexto de curar las heridas causadas por la cáscara de vaca, el mayoral ordenaba que fueran untadas aquéllas con un inmundo menjurje compuesto con orines, aguardiente, sal, tabaco o pimienta (Cabrera Saqui 1969: 186-187).

dreds, perhaps as many as one thousand slaves and free people of color alike were put to death –hung, drawn, and quartered, or garroted (1988: 100).

Mientras en Cuba amos y mayorales daban rienda suelta a su creatividad sádica, en Francia y Estados Unidos se ventilaba el discurso del "buen salvaje" en obras como *Atala* (1801) y *René* (1802) de François René de Chateaubriand (1768-1848), *Bug-Jargal* (1826) de Victor Hugo (1802-1885) y *The Pioneers* (1823) de James Fenimore Cooper (1789-1851). La modalidad romántica que valoraba el estado natural del hombre incorrupto por la civilización retaba a la intelectualidad cubana a descubrir, como declara Félix Tanco y Bosmeniel luego de leer *Bug-Jargal:* "lo que somos, pintados con la verdad de la poesía, ya que conocemos por los números y el análisis filosófico la triste miseria en que vivimos" (Bueno 1988: 175).

Junto a la vertiente romántica, el humanismo abolicionista europeo también influyó en el pensamiento del grupo de intelectuales habaneros. Para entonces, varios países europeos habían suprimido el tráfico de esclavos: Dinamarca (1803), Inglaterra (1807) y Francia (1817). Lo mismo ocurrió con la esclavitud en sus respectivas colonias. Inglaterra la eliminó en 1833, Suecia en 1846, Francia en 1848 y Holanda en 1863 (Williams 1970: 280). De igual modo, los diversos eventos que sacudían al mundo –la Revolución Francesa (1789), la emancipación de algunos países latinoamericanos (1810) y la guerra civil norteamericana (1861)– llevó a los habaneros ilustrados al

> inconformismo político, económico y social. Para ellos Cuba no debía de ser una de las tantas islas-plantaciones del Caribe, donde nueve de cada diez habitantes eran negros desarraigados y violentados por la esclavitud; Cuba merecía otra suerte (Benítez Rojo 1988: 205-206).

Entonces se atacó el tráfico de esclavos, se habló de blanquear al país por medio de emigraciones europeas y se comenzó a imaginar al sujeto nacional cubano.

- **El círculo delmontino**

La narrativa antiesclavista cubana fue la respuesta de un grupo de intelectuales a la tensión que generó, en la Cuba colonial, la rebelión haitiana (1791-1803). El levantamiento de negros destruyó la producción de azúcar en Haití, lo que permitió que Cuba ocupara su lugar en el mercado mundial azucarero. Para cumplir con las nuevas demandas de consumo fue necesaria la importación de más esclavos lo que creó una amenazadora desproporción racial[3]. En 1830, fecha originaria de la narrativa abolicionista, había un 44% de blancos frente a un 56% de negros (Masó 1976: 168). Estas cifras propiciaron el surgimiento de un discurso cuya meta era denunciar la esclavitud, a la vez que deshacerse del coloniaje español.

En "Azúcar/poder/literatura", Antonio Benítez Rojo explica que el "escenario de conflictos" del que las "cifras divididas por el azúcar y la piel" formaban parte, generó una primera oleada de textos fundadores del pensamiento abolicionista e independentista. Entre ellos sobresalen los del padre Félix Varela (1787-1853), *Memoria sobre la esclavitud,* con el apéndice "Proyecto de decreto sobre la abolición de la esclavitud en la Isla de Cuba y sobre los medios de evitar los daños que pueden ocasionarse a la población blanca y a la agricultura" (1822) y *Proyecto de instrucción para el gobierno económico político de las provincias de Ultramar* (1823). También hay que tener en cuenta los artículos que escribió mientras se encontraba exiliado en Estados Unidos y que publicó en el periódico *El habanero*. El padre Varela señaló que el tráfico de esclavos arruinaría la agricultura cubana, inquietud fundamentada en las siguientes razones:

> En primer lugar, podía ocurrir una rebelión masiva imposible de reprimir, en cuyo caso Cuba correría la suerte de Saint Domingue; o bien, en presencia de la insurrección, podía caer en manos de los esclavistas norteamericanos o de los abolicionistas ingleses, convirtiéndose en un estado sureño más de la Unión o en una república africanizada bajo el control de Inglaterra [...] aun cuando la rebelión no acaeciera, el sostenido aumento del número de esclavos impediría que Cuba alcanzara el nivel técnico y la prosperidad industrial a que habían llegado ciertas naciones de Europa y el nordeste de Estados Unidos (Benítez Rojo 1988: 204-205).

Sus ideas se oponían a las del *Discurso sobre la Agricultura en la Habana* (1792) de Francisco Arango y Parreño (1765-1837) quien fomentaba la importación de esclavos para aumentar el nivel de producción azucarera. A ellos se suma José Antonio Saco (1797-1879) que destaca entre el grupo de habaneros ilustrados que examina en sus escritos el "problema de lo negro". Su "Análisis por don José Antonio Saco de una obra sobre el Brazil, titulada *Notices of Brazil in 1828 and 1829, by Rev. R. Walsh, Author of a Journey from Constantinople, etc"* (1832) y "Mi primera pregunta. ¿La abolición del

---

[3] Véase Moreno Fraginals (1977).

comercio de esclavos africanos arruinará o atrasará la agricultura cubana? Dedícala a los hacendados de la isla de Cuba su compatriota José Antonio Saco" (1837), fueron los textos que más influyeron en el sentir abolicionista cubano (Luis 1990: 32).

A todo lo cual hay que añadir el independentismo de la época al que contribuye José María Heredia (1803-1839) con poemas de tono patriótico:

> ¡Cuba! Al fin te verás libre y pura
> como el aire de luz que respiras,
> cual las ondas ardientes que miras
> de tus playas la arena besar.
> Aunque viles traidores te sirvan
> del tirano es inútil la saña,
> que no en vano entre Cuba y España
> tiende inmenso sus olas el mar (Masó 1976: 133).

En esta labor no se queda atrás José de la Luz y Caballero (1800-1862), para quien la educación era la mejor forma de adiestrar al cubano para la "libertad y el gobierno propio". En él "la idea de la patria estaba en lo más profundo de su ser, exponiendo en una ocasión, al ser interrogado, 'me llamo José la Luz, hijo de Cuba'" (Masó 1976: 230). Esa confluencia de ideologías fundamentadas en el tráfico de esclavos y en el cultivo del azúcar promovió el surgimiento de la producción literaria como base fundamental para comenzar a crear la nacionalidad cubana.

La clase letrada comienza a pensarse como diferente frente a España al parecerle que el sistema esclavista que sustenta la vida colonial hace lucir a la isla como un país incivilizado frente a Europa. La incomodidad se manifiesta a partir de actos revolucionarios como el iniciado por Román de la Luz, dueño de un ingenio azucarero, quien en 1809 fue detenido por fomentar el separatismo entre los criollos. Ese mismo año se acusó a Diego del Castillo y Betancourt por la divulgación "de unos pasquines españoles [...] que contenían las siguientes frases: 'son los mismos carniceros que asesinaron a Hatuey, horror al nombre español, llegó al fin el deseado día de nuestra emancipación'" (Masó 1976: 144-145).

Por otra parte, la actividad revolucionaria se alentó también en el seno de sociedades secretas como la de "los Rayos y Soles de Bolívar" que favorecía el separatismo. En 1826, y a raíz del estímulo recibido por Simón Bolívar, Andrés Manuel Sánchez y Francisco Agüero intentaron un levantamiento en Puerto Príncipe. Ambos fueron ejecutados el 16 de marzo de 1826 luego de que se los acusara de "conspirar contra el Estado". En 1839, la "Gran Legión del Águila Negra", fundada en México y compuesta por disidentes cubanos y mexicanos, fracasó al ser delatada al capitán general Francisco Dionisio Vives[4].

Los ideales patrióticos alentados por los movimientos separatistas y por intelectuales como José Antonio Saco, José de la Luz y Caballero, Félix Varela, José María Heredia, entre otros, tienen su auge en 1830. Para entonces surgen publicaciones como *El Habanero, El Mensagero Semanal* [sic] y la *Revista Bimestre Cubana,* en las que se alienta el cultivo de "lo cubano" frente a "lo español".

- **Sobre el alma de lo cubano**

En 1833 Domingo del Monte (1804-1853) intentó reemplazar la Comisión de Literatura por la Academia Cubana de Literatura. Sin embargo, su deseo por fomentar la cultura nacional encontró oposición y abonó la relación tirante entre sacarócratas y liberales. Como resultado, la Sociedad Económica de Amigos del País se negó a reconocer a la Academia y el capitán general Miguel Tacón (1834-1838) impidió su establecimiento. La polémica llegó al nivel de ganarle el destierro a José Antonio Saco, en julio de 1834, por la publicación de su "Justa defensa de la Academia de Literatura" (Masó 1976: 133).

Aunque le fue imposible crear una Academia Cubana, Del Monte se dio a la tarea de mantener el sentimiento nacional por medio del círculo literario que fundó en 1834 en Matanzas y trasladó a La Habana en 1835. Según cuenta Salvador Bueno, en aquellas tertulias se fomentaban "los temas locales, criollos [...] y los problemas colectivos". Así lo testimonia el poeta José Jacinto Milanés quien, en una carta del 22 de octubre de 1841, dice: "buscaba yo un modo de escribir artículos de costumbres sobre nuestro país, resuelto, por los consejos de usted (Del Monte), a pintar nuestras cosas cubanas y dejar las peninsulares" *(La crítica literaria*, 36). De acuerdo a Mario Cabrera Saqui:

> [...] la cuestión esclavista y su enorme secuela de injusticias y de crímenes horrendos fué [sic] tema preferente de conversación en el ateneo delmontino. Imbuídos de ideas filantrópicas y liberales, Domingo del Monte y el grupo selecto de sus amigos consagráronse con entusiasmo a la peligrosa tarea de combatir la degradante y abyecta institución secular (1969: 19-20).

---

[4] La información proviene de Calixto C. Masó, "Vicisitudes constitucionales e inicio del proceso revolucionario (1808-1837)" (1976: 122-184).

Fue precisamente la recreación de la vida cotidiana en *Autobiografía de un esclavo* uno de los elementos que más llamó la atención de Domingo del Monte: "¡Qué escenas tan domésticas, tan propias de nuestra vida privada! cómo corrije Manzano sólo con la fuerza de los hechos la tiranía de los amos!" (Williams 1994: 27). Y junto a del Monte, el "cubano más real y útil de su tiempo", de acuerdo a José Martí, (Bueno 1959: 74) se encontraba José Antonio Saco que:

> [...] sin ser separatista sirvió a la independencia de Cuba, reafirmando lo cubano frente a la anexión y exponiendo con crudeza las lacras del regimen y de la sociedad colonial, por lo que sus obras ofrecieron a los independentistas los mejores argumentos para justificar la separación de Cuba y España (Masó 1976: 150).

Pero aunque procura definírselo, el sentimiento patriótico no echa raíces por tropezar con los intereses económicos y políticos de la sacarocracia cubana, de la cual la intelectualidad cubana también formaba parte. Esa amalgama de intereses perjudicó la fundación de la Academia Cubana de Literatura. De acuerdo al director de la Sociedad Económica de Amigos del País, Juan Bernardo O'Gavan, se la evitó por "la influencia que pudiera tener dicho negocio, directa o indirectamente, en el orden político" (Williams, 1994: 6). Por otro lado, como indica Knight:

> As long as the rich sugar planters of the western division wanted slave labor and knew that they could depend on Spanish support for this, they maintained their pro-Spanish attitude [...] Even if the Cuban Creoles were ambivalent, there was little doubt that, until the middle of the nineteenth century, there was consistently preferred sugar and slavery to any idea of political change. Profit, not politics, was apparently their major goal (1970: 91-92).

El grupo de letrados, excluido de las instituciones coloniales, reta desde la periferia cultural al discurso decimonónico oficial fundamentado en el azúcar y la esclavitud al retratar en sus escritos las arbitrariedades y los horrores del sistema esclavista colonial[5]. Sin ser necesariamente el producto

---

[5] Manuel Moreno Fraginals declara que "a partir de los años 20, los cuadros [funcionarios e intelectuales] de la sacarocracia van siendo desplazados. Primero, les arrebatan totalmente el dominio de la Real Junta de Fomento. Posteriormente, y de manera violenta, los marginan en la Sociedad Económica de Amigos del País, y les silencian su medio más preciado de difusión: la *Revista Bimestre Cubana*. Finalmente, reducen a un mínimo el poder del cabildo" (1977: 42).

exclusivo de los aires humanistas que soplan sobre el Caribe, sino de ideales separatistas, de la protesta contra el racismo y de la inserción de Cuba en los modelos occidentales de desarrollo, la narrativa antiesclavista abre un espacio desde el cual pensar la vida desgraciada del esclavo.

- **Azúcar y escritura: contradicciones del antiesclavismo cubano**

Una de las mayores incongruencias del grupo letrado habanero era exigir la abolición gradual de la esclavitud y ser a la vez dueño de esclavos. Esa incoherencia aflora en las principales obras que componen el corpus abolicionista: *Francisco. El ingenio o las delicias del campo* (escrita en 1839 y publicada en Nueva York en 1880) de Suárez y Romero (1818-1878), *Autobiografía de un esclavo* (escrita en 1835; publicada en Inglaterra en 1840 y en Cuba en 1937) de Juan Francisco Manzano (¿1797?-1854), *Sab* (1841) de Gertrudis Gómez de Avellaneda (1814-1873), *El negro Francisco* (publicada en Santiago de Chile, 1873) de Antonio Zambrana (1846-1922) y *Cecilia Valdés* (publicada en Nueva York, 1880) de Cirilo Villaverde (1812-1894).

Aun cuando estos textos pretenden retratar fielmente las arbitrariedades y los horrores del sistema, la incapacidad en la representación de lo negro o de lo mulato traiciona esa probabilidad. Así se evidencia el conflicto ideológico que caracterizó a los delmontinos y que respondía al deseo-rechazo por la diferencia, y a la creencia, como declara Cándido Gamboa, uno de los personajes de *Cecilia Valdés,* que "los negros son animales y no hombres" (109). Para representarlos como "hombres" había que crear una imagen domesticada y, ante todo, blanqueada.

En *Francisco,* por ejemplo, la poca credibilidad del carácter del negro esclavo provoca la crítica de Domingo del Monte. Suárez y Romero reacciona y le explica que:

> En cuanto al defecto que V ha encontrado en mi novela, el carácter de Francisco, yo lo confieso, y estimo juiciosa y puesta en razón la crítica de V [...] vine a dotar a Francisco de aquella resignación y mansedumbre cristianas, flores que no nacen, sino como de milagro, entre los inmundos lodazales, donde la esclavitud pone á [sic] los hombres (Cabrera Saqui 1969: 33-34).

De *Autobiografía de un esclavo* llama la atención la insistencia del narrador en marcar cuán distanciado se lo mantenía del resto de los negros: "no se me permitia oirla allí p^r. el juguete y distraccion con los otros muchachos" (35),

"Da. Joaquina q^e. me trataba como a un niño ella me bestia peinaba y cuidaba de q^e. no me rosase con los otros negritos" (37). En *Sab,* el protagonista mulato declara, al referirse a su madre esclava que, "a pesar de su color era mi madre hermosa" (131). Finalmente, en la novela de Villaverde, el mejor consejo que puede darle su abuela a la mulata Cecilia es que aspire a casarse con un blanco: "¿Por qué no? De menos nos hizo Dios. Y debes saber, que blanco aunque pobre sirve para marido: negro o mulato, ni el buey de oro" (14).

El ansia de blanqueamiento que caracteriza a los personajes negros y mulatos de la narrativa antiesclavista delata al letrado habanero en su deseo por apaciguar el "fantasma de Haití", al crear personajes que aspiran a ser blancos, a la vez que revela su contradicción entre incorporar o no de forma íntegra el elemento africano al imaginario nacional de lo cubano. En la ficción abolicionista, la representación del espacio africano es ambigua: hay miedo, desprecio, deseo, y el requerimiento de hacer a un lado lo que haya en cada cual de negro para seguir avanzando en la escala social.

- **"Los negros no bailan"**

En *The Representation of Slavery in Cuban Fiction,* Lorna Valerie Williams documenta la reacción de Domingo del Monte cuando en 1829 le fue rechazado el permiso para fundar una cátedra pública de Humanidades. Dice Del Monte:

> Nuestra Sección Literaria ha recibido un golpe tremendo. Teníamos el proyecto de servir entre todos una Cátedra pública de Humanidades. Se ha consultado al gobierno sobre su establecimiento, y ha negado el permiso. –"Los negros no bailan" puso Cienfuegos á un memorial que le presentaron unos negros p^a. hacer un bayle (1994: 6).

Al igual que Del Monte, para ventilar su rechazo a la esclavitud, José de la Luz y Caballero expresaba que "lo más negro en la esclavitud no era el negro" (Masó 1976: 230). Por su parte, el narrador en *Cecilia Valdés,* al describir los azotes que sufre uno de los personajes negros, declara que es "imposible que lo entiendan aquéllos que no han vivido jamás en un país de esclavos" (103). De acuerdo a la voz narrativa de *Sab,* las mujeres al igual que los esclavos "arrastran pacientemente su cadena y bajan la cabeza bajo el yugo de las leyes humanas" (280-281).

En los señalamientos anteriores la referencia a la esclavitud se desliza en un ensamblaje de significados que sustituye la alusión a lo racial por lo colonial. Desde Domingo del Monte hasta Gertrudis Gómez de Avellaneda, los letrados habaneros transitan un espacio escindido entre raza y colonia que retrata el drama del sujeto colonial en su doble papel de amo/esclavo. Por un lado, los intelectuales habaneros son dueños de ingenios en los que habitan decenas de africanos desarraigados de su lugar de origen, pero, por otro, la intelectualidad cubana es de igual modo extranjera en su propia tierra por encontrarse al margen de las instituciones sociales, especialmente durante toda la época que comprende la gobernación de Miguel Tacón (1834-1839).

Para este capitán general todos los criollos eran revolucionarios y, por ello, se dedicó a impedirles que siguieran influyendo en la cultura de la colonia, a diferencia de su predecesor Francisco Dionisio Vives, quien les había permitido la publicación de la *Revista bimestre cubana* y la circulación de periódicos publicados en el extranjero como *El Mensagero semanal* [sic] y *Mercurio*.

Tacón se dio a la tarea de evitar que la sacarocracia cubana continuara teniendo libre acceso a la Capitanía General. Para alejarlos del poder colonial, cuenta Ramiro Guerra que:

> Su primera medida en tal sentido, consistió en cerrar las puertas de palacio a los criollos y en la corte [...] Rompió además con la práctica de sus antecesores de cultivar el trato y la amistad de las grandes familias, de atraerlas a las fiestas y saraos de palacio, de tratar de compenetrarse con la sociedad habanera y de ofrecer a los hijos del país mayor representación social, prestigio y respetabilidad, aquellos testimonios de atención y cortesía que tradicionalmente había servido para demostrar la estimación y respeto de la primera autoridad de la Isla a las personalidades más destacadas de una provincia que constituía uno de los más valiosos ornamentos de la corona española [...] Tacón en cuanto a vejar a la alta sociedad cubana no conoció excepciones (Pino-Santos 1964: 173-174).

También "impuso la censura más rigurosa, interceptando y registrando la correspondencia, manteniendo una estricta vigilancia y reduciendo a prisión a los que consideraba sospechosos" (Masó 1976: 133). La marginación a la que los sometió el gobierno metropolitano obligó al grupo habanero a replegarse en la literatura. En ella dieron rienda suelta a "conspiraciones literarias" con las que criticaban la ineptitud de un sistema colonial fundamentado en la esclavitud. La novela corta *La Pascua en San Marcos* (1838) de Ramón de Palma, por ejemplo, "caracterizaba como cornudo, torpe, impertinente y aburrido, a un capitán español, y censuraba la vida decadente de ocio y exceso que llevaba la plantocracia cafetalera y azucarera" (Benítez Rojo 1988: 212). En *Francisco,* Anselmo Suárez y Romero se vuelve desafiante: "blancos, señores, vosotros sois tiranos con los negros, pues avergonzáos de ver aquí á uno de esos infelices, mejor hombre que vosotros" (Cabrera Saqui 1969: 34).

Para la intelectualidad habanera el "problema negro" es el punto de convergencia del discurso nacional de "lo cubano", es la búsqueda de diferencias frente a "lo español" y, por consiguiente, del afán separatista. El esclavo negro se convierte en el motivo de una escritura que se resiste a estar al margen de los discursos que atraviesan la Cuba decimonónica.

- **Lo negro: poesía y perdición**

    En una carta a Domingo del Monte, Félix Tanco y Bosmeniel declara:

    > Te lo he dicho mil veces: no hay más poesía entre nosotros que los esclavos: poesía que se está derramando por todas partes, por campos y poblaciones, y que sólo no la ven los inhumanos y estúpidos; y advierte que al paso que se vaya civilizando aunque lentamente la clase blanca todavía muy bozalona, la esclavitud de los negros se levantará en la misma proporción como una sombra deforme, mutilada, horrorosa; pero poética y bella, y capaz de producir ingenios tan vigorosos y originales como el de Byron y Victor Hugo. ¡Quién sabe cuántos esclavos deberán un día su libertad a los poetas! (Bueno 1988: 175).

    Pero mientras para Tanco y Bosmeniel el elemento africano era capaz de producir la inspiración necesaria para equiparar a los mejores modelos de la literatura europea, para José Antonio Saco se trataba de un obstáculo para adelantar racialmente al país:

    > [...] el horrendo tráfico de carne humana prosigue a despecho de las leyes y los hombres que quieren usurpar el título de patriotas cuando no son más que patricidas, inundan nuestro territorio de víctimas encadenadas [...] Si todos nuestros hacendados se pudieran penetrar de la importancia de esas ideas, entonces los veríamos dedicados a promover la introducción de hombres blancos, y a impedir la de africanos [...] Digan de nosotros lo que quieran los egoístas; censúrennos los que se precian de discretos [...] Nosotros cedemos a consideraciones de un linaje muy elevado; y honrando la noble misión de escritores no nos cansaremos de repetir, que *salvemos a la patria, salvemos a la patria* (Benítez Rojo 1988: 20).

    A pesar de sus diferentes puntos de vista, ambos intelectuales coinciden en el hecho de que, sea para incluirlo o excluirlo, al problema de lo negro hay que buscarle solución. Tanco y Bosmeniel afirmaba que debía tener un espacio en la literatura, ser rescatado como poesía sublime de lo cubano; el negro era motivo de inspiración que aunque "deforme, mutilada y horrorosa" no dejaba de ser "poética y bella". Saco, en cambio, sostenía que bien valdría la pena limitarles la entrada y tratar de superar sus cifras con la inmigración de blancos, pues sólo así se puede hacer patria.

Pero a la patria no puede aislársela de ese componente que tanto perturba a Saco y al resto de la intelectualidad cubana. Así vuelve a subrayarlo Tanco y Bosmeniel en el prólogo a sus *Escenas de la vida privada en la isla de Cuba* (1838, 1925): "el autor [...] ha creído y cree que no será nunca perfecta y completa cualquier descripción o pintura de costumbres cubanas, si no se comprenden los esclavos que tienen parte principal en ellas" (Bueno 1988: 176). De esta forma dirige la atención a la población esclava, como parte del rastreo de lo cubano que Domingo del Monte fomenta en el círculo literario habanero. En su declaración, Tanco y Bosmeniel va por encima del miedo, de los escrúpulos o del asco al "otro" para presentarlo como el final de una larga búsqueda que marca diferencias frente a lo peninsular[6]. Lo mismo propone implícitamente Suárez y Romero cuando, en una carta a Del Monte, menciona que durante la redacción de *Francisco* había experimentado una "afición á observar los escesos de aquellos [los blancos] y los padecimientos de los segundos [los negros], tal gusto por estudiar las costumbres que nacen de la esclavitud, costumbres raras y variadas á lo infinito" (Cabrera Saqui 1969: 23). Esas "costumbres raras y variadas" que se entremezclan con la "sombra deforme, mutilada y horrorosa; pero poética y bella" de Tanco y Bosmeniel retratan la búsqueda de la intelectualidad habanera por "pintar nuestras cosas cubanas", como declara José Jacinto Milanés al recordar las palabras de Del Monte (Bueno 1979: 36).

Entre el espanto y la ternura[7]. La literatura antiesclavista deambula entre el temor y el deseo hacia un otro abyecto, pero poetizable; un otro al que

---

[6] Tanco y Bosmeniel declara: "Digo que es preciso presentar los contrastes de los dos colores de nuestra población; de los negros y los blancos trabajándose mutuamente, pervirtiéndose hasta en lo más indiferente de la vida, de tal manera que en los blancos se ven a los negros, y en los negros a los blancos. Hasta ahora, parece que se ha tenido y se tiene miedo, o se tiene escrúpulo o asco de presentar a los negros en la escena o en la novela, junto con los primeros" (Bueno, 1988: 175).

[7] La ternura la utilizo en su calidad de lenguaje figurado que el *Diccionario de la lengua española* define como: "propenso al llanto" (1992: 1.976). En este sentido, valdría la pena recordar que fue esa la reacción de Anselmo Suárez y Romero al escuchar la lectura del poema "Mis treinta años" de Juan Francisco Manzano y también la del narrador en "El cementerio del ingenio", artículo de costumbres de Suárez y Romero. Al pasar revista sobre las desgracias acontecidas a varios esclavos, la voz narrativa confiesa:

atraviesa el sentir contradictorio de hombres que sufren de otro tipo de esclavitud: la colonial.

- **La violencia epistémica: el dilema del letrado cubano**

> The play of identity and difference which constructs racism is powered not only by the positioning of blacks as the inferior species but also, and at the same time, by an inexpressible envy and desire.
>
> (Stuart Hall 1992: 255).

El negro como poesía y como maldición genera un discurso racial anclado en lo exótico, lo primitivo, lo folclórico; un oscilar ideológico en el acercamiento del círculo delmontino al "fantasma de Haití". A lo negro se lo reconoce, por un lado, como parte potencial del incipiente carácter nacional cubano y, por otro, como algo extraño y amenazador.

La mirada blanca del narrador en los textos antiesclavistas ejerce violencia epistémica sobre el sujeto negro o mulato. Al esclavo se le constriñe dentro de parámetros discursivos que destacan su carácter subordinado. El hecho de querer "salvarle la vida" a través de su representación como poesía cubana, como declara Tanco y Bosmeniel, remacha esa posición subalterna. Pero también pone en evidencia el interés de la intelectualidad cubana que, arrastrada por las turbulentas condiciones de la colonia y el mercado azucarero, opta por los africanos como numen; aunque su representación no significa inclusión dentro del imaginario nacional, aún en ciernes. La definición de la esclavitud alcanza proporciones que rebasan los rígidos lineamientos de la pigmentocracia colonial para sacar a flote "la piel blanca con máscara negra" de la intelectualidad habanera[8]. El grupo de letrados se siente también como un "otro" oprimido, mudo y al margen de la vida colonial; sabe, como declara Del Monte, que "los negros no bailan".

En el caso de los textos que se analizan aquí, el sentir de los narradores desata la violencia epistémica en los quiebres discursivos característicos de

---

"recordé por largo tiempo las biografías de muchos de ellos y a cada paso, como le hubiera sucedido a otro cualquiera en semejante sitio, prorrumpía de nuevo a llorar" (Bueno 1985: 342).

[8] La expresión la tomo de Frantz Fanon (1967).

la narrativa antiesclavista. A partir de esos quiebres, la mirada del sujeto colonial se confunde en ese "otro" en el que no cesa de ver a su propio "yo"en cadenas.

Capítulo II

Entre el silencio y la ruptura:
la escritura de *Autobiografía de un esclavo*[1]

En 1835 Juan Francisco Manzano (¿1797?-1854) comenzó la redacción de su *Autobiografía* (1935; Inglaterra, 1840; Cuba, 1937) que le había sido encargada por Domingo del Monte con el propósito de que formara parte del portafolio antiesclavista del inglés Richard R. Madden[2]. El texto se proponía narrar los horrores del sistema esclavista y retratar la vida de Manzano quien, además de esclavo, era un poeta conocido entre los integrantes del círculo literario dirigido por Del Monte[3]. Una vez terminado, Anselmo Suárez y Romero, autor de la novela abolicionista *Francisco. El Ingenio o las Delicias del Campo* (1880), se dedicó a corregirlo y editarlo antes de entregárselo a Madden. Éste se encargó de alterar su contenido y traducirlo al inglés publicándolo bajo el título de *Poems by a Slave in the Island of Cuba, Recently Liberated; Translated from the Spanish by R. R. Madden, M.D. with the History of the Early Life of the Negro Poet, Written by Himself, to Which are Prefixed Two Pieces Descriptive of Cuban Slavery and the Slaver-Traffic, By R.R.M* (1840). Más tarde, Francisco Calcagno tomó pedazos del texto para incluirlos en *Poetas de color* (1887). En una versión moderni-

---

[1] Una sección de este capítulo apareció como "El jardín de bellísimas flores: entre el silencio y la ruptura en *Autobiografía* de Juan Francisco Manzano", en *Monographic Review/Revista Monográfica*, XVI (2000). Agradezco a esta publicación la autorización para reproducir ese artículo.

[2] William Luis (1990) detalla los componentes del portafolio. Madden era juez en el tribunal anglo-español establecido en La Habana en 1835 con el propósito de velar por los acuerdos entre Inglaterra y España para eliminar el tráfico de esclavos.

[3] A la *Autobiografía* le anteceden dos poemarios: *Poesías líricas. Cantos a Lesbia* (1821) y *Flores Pasageras* (1830), varios "Romances Cubanos" publicados en *El pasatiempo* (1834) con el título de *El Desafío, La Guajirita, El joven desconocido, El amante quejoso, Leonarda y Panchita, El feliz suceso*. Para un inventario completo de las obras de Manzano véase el estudio preliminar de José Luciano Franco en Manzano (1937). Esta edición respeta la sintaxis y ortografía del escrito original; todas las citas de este capítulo provienen de este texto. Considérese también el trabajo de Roberto Friol (1977) y William Luis (1994).

zada, y ya avanzado este siglo, Iván Schulman publicó *Autobiografía de un esclavo* (1975). Finalmente, Richard Mullen reeditó el texto de Madden publicándolo bajo el título de *The Life and Poems of a Cuban Slave* (1981).

Uno de los acercamientos más comunes a la *Autobiografía* gira en torno a su escritura fragmentada y caótica. Muchos críticos argumentan lo difícil que resulta seguir las ideas del narrador por los continuos quiebres en su discurso y por su desconocimiento de toda regla sintáctica y ortográfica. Max Henríquez Ureña en *Panorama histórico de la literatura cubana* se encargó de señalar que había que "pasar en limpio ese texto, librándolo de impurezas, para que resalte en toda su sencillez la forma clara y emotiva en que Manzano cuenta sus desdichas" (1963: 184). Algo parecido menciona Iván Schulman en el prólogo a la edición moderna de la *Autobiografía* al referirse al texto original, publicado por José Luciano Franco. De acuerdo a Schulman éste contiene "deficiencias ortográficas y sintácticas que tanto dificultan su lectura" (1977: 10). Por su parte, en "Crashed geraniums: Juan Francisco Manzano and the language of slavery", Susan Willis apunta a que "to some extent he wrote his fragmented and incoherent remembrances as confessions directed to himself with no real audience in mind" (1985: 203-204).

Ya sea para argumentar la posición subordinada del Manzano esclavo o para subrayar las ansias de libertad artísticas del Manzano escritor, la crítica encuentra en esas rupturas un asidero común. No hay que olvidar que todavía es un esclavo cuando escribe su autobiografía, razón por la que suelen interpretarse esos quiebres discursivos como un acto que lo protege de las represalias de su ama, la marquesa de Prado Ameno. Por otro lado, hay que considerar que su texto responde a los intereses de un grupo de intelectuales que deseaban contribuir a los esfuerzos ingleses por abolir la esclavitud en Cuba y cuyas expectativas testimoniales Manzano debía satisfacer. Para Del Monte y el resto de los miembros de su círculo literario, Juan Francisco Manzano es simplemente "la noble y generosa excepción de una raza envilecida" (Schulman 1977: 45). Su valor radica en su relación con la esclavitud como institución y como realidad externa. A un lado queda la particularidad de su interioridad y subjetividad como constituyentes de su individualidad, de su humanidad singular; por el contrario, lo que les interesa de Manzano es su representatividad: por él habla el esclavo. Sin embargo, pese a estas circunstancias, la obra muestra a un narrador que establece sus propios parámetros ordenadores al seleccionar información y al modificar la secuencia de los acontecimientos narrados. Los quiebres discursivos que generan sus silencios y que tanto han dado que hacer a la crítica literaria, lo deslindan de su ejemplaridad en cuanto a esclavo excepcional para entronarlo en su singularidad como ente humano-creador. Allí donde se observa el vacío discursivo y la carencia de una forma mecánica, se entrevé la existencia de una forma orgánica incontenible con la que Manzano procura legitimar su espacio como autor, pues aunque el texto no responde ni a reglas ortográficas y sintácticas ni a determinado orden cronológico, sí responde a la lógica que Manzano establece por medio de sus silencios.

A pesar de la negación de su individualidad en la edición de Suárez y Romero, la traducción de Madden y la versión modernizada de Schulman, Manzano da paso a la construcción de su subjetividad y a la expresión de su capacidad creadora. Ahora bien, esas rupturas, más que un asidero común de la crítica, han sido un terreno de constantes confrontaciones. La multiplicidad de lecturas que han desatado quiebres discursivos como: "Asi saltando p^r. ensima de barias epocas dejando atras una multitud de lanses dolorosos me señiré unicamente a los mas esenciales" (49) y "pero vamos desde los años de 1810, 11 y 12 hasta el presente de 1835 dejando en su intermedio un bastisimo campo de visitudes escojiendo de él" (51), evidencia una proliferante riqueza textual que enfrenta a la crítica literaria en sus acercamientos a la obra. Por ejemplo, Susan Willis declara: "It is obvious that some process of selecting certain events out of the flow of life experience has occurred. However there appears to be no meaningful logic behind the selection" (1985: 205). Por el contrario, Sonia Labrador-Rodríguez propone que *Autobiografía* "no es un discurso espontáneo y arbitrario, sino que surge como resultado de la reflexión y manipulación de los recursos literarios a su alcance" y que "Manzano cuenta los hechos de una manera selectiva y de acuerdo a lo que pretende demostrar" (1996: 14 y 17). Junto al trabajo de Labrador-Rodríguez, que supera las interpretaciones ancladas en lo ininteligible y defectuoso del texto de Manzano, hay que añadir los de Antonio Vera-León, Sylvia Molloy, Lorna Valerie Williams y Julio Ramos que también han abordado la construcción del sujeto, las estrategias narrativas y la fundación de una literatura nacional cubana, descentrando la escritura de Manzano de lo estrictamente confesional[4]. Y es que *Autobiografía* es la escritura de la interioridad y subjetividad de Manzano como constituyentes de su "yo" individual.

Es por ello que en este capítulo me propongo mostrar cómo, a pesar de la edición y traducción de su texto, del intento por borrar esa vida individual, el narrador de *Autobiografía* se las ingenia para dejar sus marcas de escritu-

---

[4] Antonio Vera León (1991); Sylvia Molloy (1991); Lorna Valerie Williams, "Juan Francisco Manzano's *Autobiografía*: Narrating the Unspeakable" (1994: 21-51); Julio Ramos, "La ley es otra: literatura y constitución del sujeto jurídico" (1996: 37-70).

ra y obtener así su singularidad. Con este propósito tomaré en cuenta el silencio que muestra al dejar "en el aire" su historia o desviarla del curso inicial, acto que resiste las directrices delmontinas. Pues más allá de producir un texto por encargo, Manzano se las arregla para no dejarse absorber por la intencionalidad ideológica del grupo de intelectuales cubanos, que era usar su testimonio incluyéndolo al dossier antiesclavista de Madden. En sus silencios se descubre un discurso que lo deslinda de su ejemplaridad en cuanto a esclavo para entronarlo en su singularidad como ente humano-creador. A partir de esa singularización, Manzano rescata experiencias pasadas que le permiten explicar el "yo" de su presente de escritura[5]. Desde ese acto performativo, con el que traza la identidad que le ha tocado asumir en distintos momentos de su vida, pasa revista sobre sus recuerdos. La memoria se convierte en portadora de significados al permitirle establecer el orden de importancia ontológica que ocupan esas vivencias y, junto a ellas, los silencios.

- **Desde el jardín de bellísimas flores**

> A garden is always in state of flux and change: it can never be pinned down, fixed, it can never be a 'definitive text'.
>
> (Simon Pugh 1988: ix).

En un pasaje liminar de su *Autobiografía,* mientras recuenta que a los diez años era capaz de memorizarlo prácticamente todo (desde sermones hasta óperas), Juan Francisco Manzano da origen a los constantes silencios que caracterizan su escritura al declarar: "Pasando por alto otros pormenores ocurridos en los dias q[e]. debia recibir el bautismo, me señiré unicamente a lo agradable pues ahora voi corriendo por un jardin de bellisimas flores, *una serie de felicidades*" (35). Con ese pasar por alto para ceñirse a lo agradable, Manzano le comunica al lector que por algún lado tiene que ver lo

---

[5] El término "singularización" proviene de John Sturrock cuando señala que "autobiography starts in the writer's sense of his singularity, it also singularizes as it goes: it is the story of a singularization, or of how the autobiographer came to acquire the conviction of uniqueness that has impelled him to write" (1993: 14).

que ha sido su vida, pero que no será a partir de esos "pormenores", que insinúa y no muestra, que dará principio a su historia. Es por ello que, en unas cuartillas más adelante, instaura la lógica de narración y de cancelación que habrá de imperar como talante de su escritura al desacreditar el comienzo de su autobiografía: " la verdadera historia de mi vida empiesa desde 189 en q^e. empeso la fortuna a desplegarse contra mi hasta el grado de mayor encarnizamiento..." (38). Así se deshace de esos párrafos preliminares, que se perfilaban como el punto de partida del relato, para trazar un itinerario textual escindido entre un "ahora" (jardín/flores) y un "después" (fortuna/encarnizamiento). De este modo, vincula su escritura a un contexto y a una perspectiva singular desde la que rebusca en los retazos de la memoria las vivencias que habrá de legitimar como "verdad". Sin embargo, llama la atención el que no haya descartado del todo aquel pasaje inicial en el que rememora la niñez idílica bajo el ala protectora de su ama, la marquesa Beatriz Justiz de Santa Ana, pues si no forma parte de lo que considera la verdadera historia de su vida, entonces, ¿por qué dejarlo a la vista del lector y con qué propósito?

Pero concentrémonos, por el momento, en ese "jardín de bellísimas flores". No es una casualidad el que Manzano, al referirse a él, dé rienda suelta a la fragmentación y a los silencios sintomáticos de su *Autobiografía*. Para entender la dimensión de esas rupturas discursivas es necesario considerar que un jardín es símbolo de reflexión, de orden y de conciencia (Chevalier 1986: 603). Entonces, al señalar que pasará por alto "otros pormenores ocurridos en los dias q^e. debia recibir el bautismo para ceñirse unicamente a lo agradable" (35), Manzano expone la lógica de su discurrimiento, a su vez, concomitante con el propósito de esos primeros párrafos que es la alusión inmediata a momentos agradables de su niñez. Para él la remembranza de ese vergel es un punto neurálgico en el relato y así lo evidencia al poner en cursivas la metáfora en que lo caracteriza como "*una serie de felicidades*", y desde la que desata la cadena de silencios con que impone un contra-discurso que deconstruye lo que en principio era el prístino registro de su vida como esclavo.

Ahora bien, la pregunta no se hace esperar: ¿cuál es exactamente el significado de ese primer gran silencio de Manzano? Si como señala Simon Pugh "the metaphoric reference point of gardens is the idea of the garden as paradise, the site of travesty, a falling away from bliss, but also the site of childhood" (1988: 2), en *Autobiografía* éste funciona como frontera entre su niñez idílica y su expulsión del paraíso en que vivía al lado de su ama, la marquesa Beatriz Justiz de Santa Ana. De hecho, él insiste sobre esa infancia utópica al mencionar que:

> Seria osioso pintar cual andaria yo entre la tropa de nietos de mi señora trabeseando y algo mas vien mirado de lo q^e. meresia p^r. los fabores q^e. me dispensaba mi señora, a quien yo tambien llamaba mama mia (34).

Es a esa vida llena de favores a la que alude cuando declara que habrá de ceñirse a lo agradable "pues ahora voi corriendo por un jardin de bellisimas flores, *una serie de felicidades*" (35). En este pasaje se descubre la confluencia de dos agendas discursivas, pues a partir de ese "ahora voi corriendo"cuenta, en un primer plano, su vida junto a la marquesa Justiz de Santa Ana, y es a eso a lo que se refiere al mencionar esa etapa edénica en que era "algo mas vien mirado de lo q^e. meresia". No obstante, con ese "ahora voi corriendo" alude también al proceso mismo de su presente de escritura en el que se encuentra inserto y tras el que rememora el idilio que fue su infancia. Si, como ya he planteado, el primer instante en el que decide pasar por alto información aparece acompañado de esa imagen del jardín que apunta a la reflexión y al orden; entonces, esa metáfora funciona como marca de la lógica textual de la que se vale para ordenar sus recuerdos y reflexionar sobre su proceso de escritura. El "ahora" o el tiempo de la ponderación de una serie de eventos que antes no tenían ningún valor, por no haberlos rescatado de su memoria, es la conciencia liminal de un "acto autobiográfico" que nos permite entender este episodio umbral como "an interpretation of life that invest the past and the 'self' with coherence and meaning that may not have been evident before the act of writing itself" (Bruss 1976: 46). El que Manzano le muestre al lector ese pasaje ratifica el hecho incuestionable de que su *Autobiografía* no es completamente un recuento ingenuo de su vida como esclavo, sino un texto que responde a la congruencia de su idiosincrasia ordenadora como autor. Por otro lado, ese rescate y valoración de información apunta una vez más a la idea de un discurso pensado y no escrito al azar. En el texto de Manzano se observa lo planteado por James Olney al declarar que:

> An autobiography, if one places it in relation to the life from which it comes, is more than a history of the past and more than a book currently circulating in the world; it is also, intentionally or not, a monument of the self as it is becoming, a metaphor of the self at the summary moment of composition (1972: 35).

El señalamiento de Olney me permite recapitular los dos ejes centrales en el análisis de la imagen del jardín como metáfora-raíz de *Autobiografía:* la de condensar un pasado idílico y la de mostrar la construcción autobiográfica de un "yo" en control de su discurso. Lejos de ser una autobiografía cándida y espontánea, el relato responde, desde sus primeras páginas, a la idiosincrasia ordenadora de su autor. Por esta razón, mi estudio se acerca al texto de Manzano desde la conceptualización de una forma orgánica que va *in crescendo* a lo largo de *Autobiografía*[6]. Ya se sabe que la narración no responde ni a reglas ortográficas y sintácticas ni a determinado orden cronológico. Sin embargo, sí responde al orden que Manzano establece al desviarse de lo que debería ser su relato. Es por ello que su texto es diferente y no cuadra dentro del marco genérico de una autobiografía escrita por un esclavo al romper con la posibilidad de un recuento cronológico-episódico.

- **La niñez edénica**

Como he señalado hasta ahora, mi acercamiento al silencio de Manzano se origina a partir de la imagen del jardín, como metáfora-raíz, en la que se condensa un pasado idílico y en la que se le descubre en dominio de su proceso escriturario. Por eso resulta imprescindible reflexionar aquí sobre qué otras vivencias rescata Manzano a partir de su primer vacío textual, en el que introduce lo "no dicho" como norma discursiva y en el que se presenta como un sujeto parcial que condiciona las vivencias que atraviesan su historia. Ya hemos visto cómo el jardín es el terreno de una niñez utópica y esto precisa aún de mayor análisis, pero esta vez desde el ángulo de un discurso basado en la creatividad y la imaginación. No es necesario ser un lector demasiado sagaz para descubrir que Manzano procura dejar muy claro, desde el inicio de *Autobiografía,* lo privilegiada que fue su infancia:

> Cresi al lado de mi señora sin separarme de ella mas q^e. p^a. dormir, pues ni al campo viajaba sin llevarme mi en la bolante [...] traiaseme a las doce y por la tarde p^a. q^e. mi señora me viera, la cual se guardaba de salir has^{ta} q^e yo viniese p^r. q^e. de nó, echaba la casa abajo, llorando y gritando... (34-35).

Esta experiencia afortunada la continúa al narrar cómo desde los diez años recitaba de memoria sermones, loas y entremeses provocando el interés y la admiración de quienes visitaban a sus amos. Pero más que iniciar su relato a partir de su niñez, como característica genérica de la narrativa de esclavos, se trata de acentuar su índole paradisíaca para construir las coordenadas de otro tipo de lógica que habrán de guiar su escritura. La importancia de este

---

[6] Chris Baldick define "organic form" como "a concept that likens literary works to living organisms forming themselves by a process of 'natural' growth [...] rejects as 'mechanical' the neoclassical concept of conformity to rules" (1990: 56).

tipo de recreación ideal la expresa Susanna Egan al subrayar que el autobiógrafo utiliza el mito de la infancia idílica para mostrar que "the activities of memory, perception, imagination and creativity [...] that enhance Eden also enhance the written word" (1984: 76). Esas actividades edénicas, a las que alude Egan, configuran la niñez de Manzano a la vez que se constituyen en los elementos que tipifican el universo semántico de *Autobiografía*. Por tal razón es indispensable recordar que al hablar de sus primeros años de vida, él confiesa lo siguiente: "a los dies años daba yo de memoria los más largos sermones de Frai Luis de Granada" (35); "yo tenía la cabeza llena de los cuentos de cosa mala de otros tiempos, de las almas aparecidas en este de la otra vida [...] cuando salian un tropel de ratas asiendo ruido me paresia ver aquel sotano lleno de fantasmas" (38); "yo me complacía [...] en componer algunos versos de memoria" (41). Para entender la trascendencia de semejantes declaraciones, es necesario hacer referencia a una carta del 25 de junio de 1835 en la que informa que ha estado a punto de no continuar con su *Autobiografía* porque "un cuadro de tantas calamidades, no parese sino un abultado protocolo de embusterias" (83). Al subrayar que a su narración puede creérsela un manojo de mentiras, demuestra que no puede permitirse el tipificar su escritura como un ámbito en el que aflora la imaginación, la fantasía o la memoria, porque si lo hiciera, nadie creería en lo que dice. No hay que perder de vista que un esclavo sólo podía acudir a su memoria en cuanto a "dimensión episódica", es decir, a espacio estructurador de un orden cronológico, pero no en cuanto a "dimensión configuracional" o construcción de una totalidad a partir de eventos dispersos[7]. Es por eso que muchas veces al lector de narrativas de esclavos le llama la atención su carácter episódico y su falta de referencia a la rememoración. La razón principal es que el narrador de estos textos tenía que mostrar su esclavitud tal y como era, presentándose con una memoria neutral y no creativa:

> To give a true picture of slavery as it really is, he must mantain that he exercises a clear-glass, neutral memory that is neither creative nor faulty –indeed, if it were creative it would be *eo ipso* faulty for "creative" would be understood by skeptical readers as a synonym for "lying" (Davis y Gates 1985: 150).

A pesar de esto, Manzano sí alude a su memoria, imaginación y creatividad en la metáfora-raíz del jardín que funciona como la imagen organizadora

---

[7] Estos conceptos los discute James Olney (1985: 148-175). Éste, a su vez, los toma de un trabajo inédito de Paul Ricoeur titulado "Narrative and Hermeneutics".

del texto. Como eje axial le permite establecer los límites de su universo discursivo, a la vez que crea el espacio que la realidad exterior le niega: "In the garden, we are our own narrator. What we permit ourselves ´in the garden´ is what we refuse to permit in real life" (Pugh 1988: 9)[8]. Lo que él no puede permitirse en esa vida real es la total apertura de su "yo" como ente creador, pues su función es la de un esclavo que habla sobre su esclavitud. No obstante, se vale del pasaje del jardín para crearse un mundo textual que dista de su función autobiográfica y que lo muestra como poseedor de una capacidad creadora que considera utilizar, como declara en otra de sus cartas a Domingo del Monte, para "sentado en un rincon de mi patria, tranquilo, asegurada mi suerte y susistensia, escrivir una nobela propiamente cubana" (85).

- **Esa secreta línea de la ruptura**

Es hora de rastrear la multiplicidad de silencios que despliega Manzano a partir del pasaje del "jardín de bellísimas flores" que hemos estado analizando. Ello nos permitirá explorar *Autobiografía* como la escritura de un rizoma que desata una serie de extravíos que apuntan –desde todos sus flancos– a las interioridades que pretende callar en el relato oficial de su vida como esclavo. Al hablar de rizoma aludo a lo que Gilles Deleuze y Félix Guattari explican como producto de las líneas de segmentación, de articulación y fuga que conviven en todo texto y que se caracteriza por no sujetarse a "ninguna astucia tipográfica, ninguna habilidad de léxico, mezcla o creación de palabras, ninguna audacia sintáctica" (1983: 34-35). Aunque en el caso de Manzano esos silencios muestran la ansiedad que le supone la promesa hecha a Domingo del Monte de proveerle un texto antiesclavista, su importancia radica en que le permiten cuantificar su escritura[9]. Toparnos en

---

[8] Miriam DeCosta-Willis señala: "The process of selecting, arranging and framing the events of his life helped Manzano to force order and structure upon an existence that was haphazard and chaotic; indeed, the very act of converting his life story to a written text helped him to clarify, to affirm and to authenticate his existence" (1988: 10).

[9] Iván Schulman declara que Manzano "no es un hombre libre, sino un esclavo y por consiguiente, teme la venganza de su perdida y arbitraria ama. De ahí la necesidad de fijarse en los silencios y en los vacíos de su narración" (1975: 20). Por su parte, Sonia Labrador-Rodríguez alude al hecho de que "al escribir sobre las vejaciones que ha sufrido se reivindica al denunciarlas, pero se humilla al admitirlas, pues teme que para el lector, su condición de esclavo socave su dignidad como ser humano y como poeta" (1996: 15).

nuestra lectura con quiebres discursivos como: "no se decir lo q^e. aqui pasó" (37); "pero pasemos en silencio el resto de esta exena dolorosa" (45); "Así saltando p^r. ensima de barias epocas dejando atras una serie de lanses dolorosos me señiré unicamente a los mas esenciales" (49); "pero vamos a saltar desde los años de 1810, 11 y 12 hasta el presente de 1835 dejando en su intermedio un bastisimo campo de visitudes escojiendo de el" (51), es enfrentar de súbito la manipulación, el control y la cancelación de una serie de vivencias de las que Manzano prefiere no hablar. Todavía más, cuando parecería cambiar de parecer para dar comienzo a un discurso totalizador, se detiene, presenta miles de disculpas e inicia una especie de "juego al escondite" con el lector.

El pensar sus silencios como un "juego" nos permite explorar la relación de poder que Manzano establece con su receptor y nos pone en contacto, además, con una de las estrategias narrativas más importantes de su *Autobiografía*; con ese contra-discurso de la interioridad del que se vale para hacerse presencia, más allá de las manipulaciones ideológicas de ese sistema esclavista en el que desempeñaba el doble papel de esclavo/poeta y que procuraba borrarlo como ente humano-creador. Así, como declara Edward Said, la presencia y la ausencia de un autor dentro de un texto puede ser interpretada como:

> [...] willed performances by the writer. Thus presence has to do with such matters as representation, incarnation, imitation, indication, expression, whereas absence has to do with symbolism, connotation, underlying unconscious unity, structure. Writing can be seen then also as the setting in which the interplay of presence and absence *methodologically* takes place (1983: 129).

En suma, esa interacción entre palabra y silencio que Manzano construye desde el inicio de su recuento crea un espacio de resistencia que impide el que se le borre del texto y que lo posiciona como un "yo" integral que selecciona, recorta y calla episodios que le permiten hacerse de un lugar en la sociedad cubana. Dentro de un mundo donde se sabe inexistente, como indica en su carta del 25 de julio de 1835: "yo soy un esclavo y q^e. el esclavo es un ser muerto ante su señor" (84), las oportunidades de hacerse presencia, de representarse más allá de esa exterioridad que lo ve como "un ser muerto" son limitadas. En *Autobiografía*, el juego de la ausencia-presencia es la postura anárquica de la que se vale para desestabilizar el poder de los escritores-amos quienes procuran encontrar en su texto claridad y coherencia.

Cuando el lector empieza a acostumbrarse a sus descripciones, a sus comentarios y recuerdos, se produce la fisura como recordatorio visible de su presencia. En el caso de Manzano mantener ese control es importante, ya que con él trata de demostrarse capaz de participar de la autoridad que trae consigo el manejo del lenguaje escrito. Con sus quiebres discursivos, desestabiliza las prácticas hegemónicas de los escritores-amos quienes procuran encontrar en su texto claridad y coherencia. Por esta razón Del Monte, Suárez y Romero, Madden, Calcagno y Schulman se dan a la tarea de editar o contener bajo el poder de sus propios textos la escritura rebelde de Manzano. Y aunque en ese sentido logran controlarla, nunca llenan los vacíos que éste deja tras sus silencios. Los correctores blancos ejercen el dominio en un plano exterior, pues, al comparar ediciones, es fácil detectar dónde exactamente se produjeron los cambios. Por el contrario, el dominio de la interioridad de Manzano permanece intacto a lo largo de todas estas ediciones, puesto que es él quien ahora determina el valor y el uso que tiene mostrar u ocultar información. Su cambio de actitud frente a una parte del material narrado, que habrá de guardar para escribir una novela cubana, denota su renuencia a identificarse como un esclavo sumiso.

La supresión de información es la táctica con que niega la apropiación que sobre su subjetividad ha hecho Del Monte y el resto de los integrantes de su circulo literario. Ya he señalado que para ellos Manzano tenía valor en cuanto esclavo dispuesto a dar testimonio de las atrocidades de la experiencia esclavista. De él se esperaba una identidad coherente y articulada en torno a la narración episódica de las vejaciones e injusticias características de la esclavitud. No obstante, al recibir la encomienda de Domingo del Monte, comienza su historia paralela como esclavo y escritor al formar parte de los intereses del grupo delmontino y al asignársele, como a Anselmo Suárez y Romero, la escritura de un texto destinado a formar parte del dossier de Richard Madden. Desde ese doble escenario en que comienzan a producirse los quiebres discursivos de *Autobiografía*, el narrador se descubre como dueño de una subjetividad que antes no había considerado y que se evidencia en sus rupturas. Todo lo cual nos lleva de regreso al punto de partida de nuestro análisis: el "jardín de bellísimas flores".

Si, como ya he planteado, el primer instante en el que decide pasar por alto información aparece acompañado de esa imagen del jardín que apunta a la reflexión y al orden, entonces, esa metáfora funciona como marca de la lógica textual de la que se vale Manzano para ordenar sus recuerdos y reflexionar sobre su proceso de escritura. Aquel "Ahora voy corriendo" o el tiempo de la ponderación de una serie de eventos que antes no tenían ningún valor, por no haberlos rescatado de su memoria, es la conciencia liminal de su acto autobiográfico. Como declara Sidonie Smith: "narrative performativity constitutes interiority. That is, the interiority or self that is said to be prior to the autobiographical expression or reflection is an *effect* of autobiographical storytelling" (1995: 18).

- **"Entonses determiné [...] aprender a escribir"**

Resulta inevitable conectar los silencios que vertebran *Autobiografía* con su decisión de aprender a escribir, pues es uno de esos momentos silentes el que le induce a adentrarse en el lenguaje escrito.

> Empese yo tambien a darme estudios [...] tomaba sus libros de retorica me ponia mi leccion de memoria la aprendia como el papagallo y ya creia yo q^e. sabia algo pero conosia el *poco fruto* q^e. sacaba de aquello pues nunca abia ocasion de *aser uso* de ello, entonses determiné darme otro *mas util* q^e. fue el de aprender a escrivir (57)[10].

Es sugerente la manera en que Manzano valora la escritura como una actividad "mas util" que la memorización. En contraste con la oralidad (las lecciones que aprendía y repetía como el papagayo) la escritura es descrita en términos prácticos: produce mayor ganancia y es más ventajosa. Esta acentuación de su funcionalidad encuentra eco en la relación entre *language - use and presence* que Charles T. Davis y Henry Louis Gates Jr. discuten cuando señalan el significado que tenía para un esclavo el aprender a leer y a escribir: "learning to read and write meant that this person of African descent took one giant step up the Great Chain of Being; the thing became a human being" (1985: xxix). En Manzano, esa determinación responde a la necesidad que tiene de existir para el otro. No hay que olvidar que desde su niñez se la pasaba haciéndose presencia al repetir óperas y sermones, y que en aquellos momentos su oralidad le era suficiente para cumplir con ese propósito que nos recuerda lo dicho por Fanon al referirse al hombre de color: "It is implicit that to speak is to exist absolutely for the other" (1967: 17). En el caso de Manzano, esa oralidad no siempre le permitía hacerse presencia; muy por el contrario, en ocasiones, se estrellaba contra el mundo escrito de sus amos. De hecho, es del producto de uno de esos choques de donde proviene su resolución de darse un estudio "mas util q^e. fue el de aprender a escribir" (57).

El incidente al que me refiero se produce cuando Manzano cuenta que decidió cambiar una peseta que le dio don Nicolás, por otra que le había

---

[10] El subrayado es mío.

dado su ama, la marquesa de Prado Ameno como limosna para un mendigo. La del ama era "tan nueva q^e. paresia acabada de fabricar" (45), razón por la que quiso cambiarlas. Manzano cuenta:

> Saque mi peseta y estaba como el mono dandole bueltas [...] cuando escapandose de la mano la peseta calló en el suelo [...] mi señora me pidió la peseta se la di la miró y se puso como una grana isome pasar p^r.su cuarto a la sala sentome en un rincon imponiendome no me mobiese de allí [...] mi señora entraba y salia muy silenciosa pero diligente sentose y escribió [...] viendo el gran peligro q^e. me amenazaba me escapé p^r. otra puerta [...] corri a mi protector el Sor. Dn. Nicolás [...] cuando llegué a su escritorio q^e. todo fue un relampago, él estaba escriviendo [...] me preguntó lo q^e. abia se lo dije y me dijo gran perrazo y p^r. q^e. le fuistes a robar la peseta a tu ama, no señor repliqué yó el niño me la dió, cuando me dijo, anoche le contesté, subimos todos arriba preguntaron mostrando la moneda y dijo q^e. no; a la verdad q^e. la turbasion mia no me dejó aser una cabal relasión q^e. aclarase un hecho tan evidente [...] yo no supe responder sino rogar y yorar (45-56).

La turbación de Manzano y su no saber responder están enmarcados por el lenguaje escrito de sus amos. La marquesa de Prado Ameno, luego de dar al traste con su silencio, decide sentarse a escribir y don Nicolás ya lo estaba cuando él se acerca buscando protección. El distanciamiento que crea entre amo y esclavo la palabra escrita anula por completo su existencia, pues su oralidad no tiene cabida dentro del abecedario de sus amos. Para lograr una "cabal relación" necesita hablar, pero el "no" rotundo del amo, se lo impide. En esta escena en la que lo escrito se impone a lo oral, la relación de Manzano con el lenguaje queda totalmente anulada. Sin embargo, la cancelación de su lenguaje oral es necesaria para su iniciación en la esfera de lo escrito: "faced with the inexplicable, the only recourse of the oral system is silence. But silence envelops the written word which proceeds from silence to possibility..." (Ashcroft, Gareth y Tiffin 1989: 79). Esta escena, que opera como una especie de metonimia integral de esa alternancia entre palabra y silencio que caracteriza el relato de Manzano, dinamiza esos vacíos textuales que hemos analizado y los expone como la escritura de una posibilidad que atenta contra un orden narrativo fijo. *Autobiografía* es el producto inmediato de esa posibilidad. Sólo así se explica que en varias páginas después de este incidente, declare su determinación por aprender a escribir y de existir a través del lenguaje escrito.

Y es que bien puede decirse que la selección de vivencias, la configuración de una niñez idílica, la alusión a su capacidad imaginativa, la escritura rizomática y el "descontrol" de la escritura que tiñen sus páginas, hacen de

Autobiografía un discurso diferenciador y diferente: el estilo personalísimo de un autor que pese a tantas capas de diversas manipulaciones o paternalismos, pese a escribir desde el peor estado de sumisión y humillación que conoce la sociedad humana, nos ha dejado una muestra admirable de cómo el discurso de la resistencia encuentra siempre resquicios para mantener su dignidad.

Capítulo III

Sab: el color mulato de la Cuba colonial

Gertrudis Gómez de Avellaneda (1814-1873) publicó *Sab* en 1841, aunque la fecha exacta en que la comenzó ha dado bastante que hacer a la crítica literaria. Muchos señalan que empezó a escribirla hacia 1836 en Burdeos durante su primer viaje a España. Otros postulan que la inició en 1838 mientras se encontraba en Lisboa y que la concluyó en Sevilla en 1839, tal como aparece en una de sus cartas. Para otros, el momento de su terminación fluctúa entre 1839 y 1840; la primera edición es de 1841, en Madrid[1].

A esas desavenencias cronológicas habría que añadir las de su valor. En "Realidad y ficción en *Sab*", Mildred V. Boyer señala que:

> La importancia de Sab no consiste, a mi juicio, en ser literatura abolicionista o feminista, sino más bien en ser una novela romántica con evidentes rasgos de realismo. Estos rasgos pueden verse no sólo en la fidedigna descripción de locales, vegetación, pájaros y mariposas isleños, y en el uso acertado de un léxico regional; sino también en los numerosos elementos autobiográficos (1981: 294-295).

Alberto Gutiérrez de la Solana afirma en "*Sab* y *Francisco:* paralelo y contraste" que:

> Están más cerca de la verdad los críticos que reconocen la genuina originalidad cubana y americana de *Sab,* pues a lo largo de toda la obra hay muchas descripciones, escenas y voces cubanas, y menciones de la flora y la fauna de Cuba, además de la exteriorización del candente problema de la esclavitud (1981: 307)[2].

---

[1] Pedro Barreda indica: "El 28 de septiembre de 1839 la Avellaneda escribe a Ignacio de Cepeda y Alcalde que ha sometido los diez primeros capítulos de la novela a la lectura de un compatriota suyo [...] Ya en abril de 1840 debe estar concluido el relato, pues el día 29 de ese mismo mes y año de nuevo escribe a Cepeda informándole que se ha abierto una suscripción en Sevilla, Granada y Málaga para sufragar los gastos de la primera edición de *Sab*" (1979: 615).

[2] El artículo de Gutiérrez de la Solana es un inventario muy completo de los diferentes juicios críticos que ha recibido *Sab*.

Por su parte, Helena Percas Ponseti indica:

> No es, a nuestro parecer, ni la actitud abolicionista, que de hecho existe [...] ni los elementos costumbristas [...] lo que sobresale en esta obra. A nuestro juicio, es el análisis psicológico de los personajes lo que le imprime carácter a la novela (1962: 352).

Finalmente, Pedro Barreda declara que:

> *Sab* es un alegato muy concreto en contra de la servidumbre del esclavo y de la mujer; es una novela en la que se integran, de modo muy íntimo, el abolicionismo y el feminismo de la escritora cubana (1978: 616)[3].

La obra no sólo resiste la clasificación por ser romántica, realista, abolicionista, feminista, americana o cubana, sino que genera ambivalencias semejantes a las de las apreciaciones críticas, sobre todo en la mirada bifocal del narrador frente al personaje principal. *Sab*, como novela, es y no es realista, costumbrista, psicológica o romántica, así como Sab, el protagonista, no se amolda a una forma racial determinada: "no parecía un criollo blanco, tampoco era negro ni podía creérsele descendiente de los primeros habitadores de las Antillas" (127). La problemática fractura de la representación del protagonista ejemplifica la aporía del proyecto narrativo en su exposición de la otredad. Aunque contradictoria, la indeterminación étnica de Sab rompe con la agenda de un discurso metropolitano uniforme. A partir de esa (con)fusión racial el narrador se las ingenia para desplegar, bajo el signo de un aparente equívoco, su autoridad como intérprete de la diversidad racial cubana.

Tomando en cuenta esa incongruencia étnica analizo aquí cómo la yuxtaposición entre el ser/parecer del protagonista despliega la ambivalencia en la voz narrativa que escinde la ficción entre el saber metropolitano y el subalterno. Es así como tras la ambigua caracterización del personaje, su desterritorialización y el quiebre de la autoridad narrativa, la novela exhibe su dinámica de manipulación y de resistencia frente al poder hegemónico peninsular.

- ***Sab*, ¿novela antiesclavista?**

Aunque no surgió al calor del círculo literario de Domingo del Monte, *Sab* de Gertrudis Gómez de Avellaneda forma parte de la narrativa anties-

---

[3] Entre otros acercamientos a la novela se encuentran: Stacey Schlau (1986); Reyes Lázaro Gurtabay (1994); Lucía Guerra (1985); Lorna Valerie Williams (1994: 84-118).

clavista. Como indica William Luis, esta obra pertenece –junto a *El negro Francisco* (Santiago de Chile, 1873) de Antonio Zambrana y *Cecilia Valdés* (Nueva York, 1882) de Cirilo Villaverde– a una segunda oleada de textos abolicionistas publicados fuera de Cuba[4]. Por su parte, Lorna Valerie Williams indica que:

> At the moment when Domingo del Monte was urging Juan Francisco Manzano and Anselmo Suarez y Romero to write their antislavery narratives in Cuba, expatriate author Gertrudis Gómez de Avellaneda (1814-1873) was in Europe formulating her own critique of Cuban slavery. The boldness of Avellaneda's gesture may be measured by the fact that *Sab* (1841) was published in an era when Spanish politicians and intellectuals retreat from the abolitionist posture of an earlier era, even though there was international pressure, primarily form the British, to compel the Spanish government to honor its anti-slave trade agreements in Cuba (1994: 84).

Sin embargo, hay críticos que rechazan el carácter antiesclavista de *Sab*. Emilio Cotarelo y Mori en *La Avellaneda y sus obras; ensayo biográfico y crítico* declara: "no hay nada de protesta contra la esclavitud, mas que el hecho de admitir en el héroe el impedimento de aspirar a su dicha" (1930: 75). De igual modo, Nicomedes Pastor Díaz señala que el protagonista mulato bien podría "haber sido tomado en otra condición y en otra sociedad, y acaso, a lo menos entre nosotros, puede ser que tuviese más interés, teniendo más verosimilitud" (Cotarelo y Mori 1930: 75). Carmen Bravo Villasante indica que "en *Sab* el elemento abolicionista es lo de menos" (Gutiérrez de la Solana 1981: 135). En *La literatura cubana,* Raimundo Lazo menciona que "más que un relato antiesclavista, es un romántico embellecimiento de un esclavo" (1974:90). Finalmente, en "Sab C'est Moi", Doris Sommer expresa que en la novela "slavery is not its most urgent problem" (1991: 126).

Gómez de Avellaneda excluyó a *Sab* de sus *Obras literarias*, acto que se utiliza para validar el carácter abolicionista del texto[5]. Hugh A. Harter puntualiza que:

---

[4] Dentro de los textos antiesclavistas publicados en Cuba se encuentran *Autobiografía de un esclavo* de Juan Francisco Manzano (escrita en 1835, publicada en Inglaterra en 1840 y en Cuba en 1937), *Francisco* de Anselmo Suárez y Romero (escrita en 1839 y publicada en 1880), *Escenas de la vida privada en la isla de Cuba* (escrita en 1838 y publicada en 1925) y "Un niño en La Habana" (escrita en 1837 y publicada en 1986) de Félix Tanco y Bosmeniel. Véase William Luis (1990: 1-4).

[5] También dejó fuera otras dos novelas: *Dos mujeres* (1842) y *Guatimozín* (1846).

There is no doubt that the subject was singularly controversial and even inflammatory. For the daughter of a highly placed military family to have written the unmistakable attack against slavery that she did, must have created much tension within the family. Understandably, she did not include it in the *Obras Completas* as she designed them before her death (1981: 131)[6].

La propia Gómez de Avellaneda expresa en el prólogo que su posición frente al contenido ideológico de la novela ha cambiado:

> Acaso si esta novelita se escribiese en el día, la autora, cuyas ideas han sido modificadas, haría en ellas algunas variaciones: pero sea por pereza, sea por repugnancia que sentimos en alterar lo que hemos escrito con una verdadera convicción (aún cuando ésta llegue a vacilar), la autora no ha hecho ninguna mudanza en sus borradores primitivos[7].

Novela antiesclavista o no, la aporía crítica encierra paralelismos con la inestabilidad del narrador frente al protagonista. En los intersticios de esa mirada se deposita un discurso que violenta las clasificaciones para abrirle un espacio a la diferencia como una forma de sentar las bases de una identidad nacional.

- **El trasfondo de la representación**

La crítica ha trazado la genealogía de *Sab* desde el *Oroonoko, or the History of the Royal Slave* (1688) de Aphra Behn (1640-1689) hasta el *Bug-Jargal* (1826) de Victor Hugo (1802-1885), puesto que Gómez de Avellaneda inserta a su protagonista dentro de la tradición romántica del negro noble. También se ha hecho notar la influencia de René o Chactas, figuras centrales de *René* (1802) y *Atala* (1801) respectivamente, ambas de François René de Chateaubriand (1768-1848)[8].

Sab es un héroe romántico típico: solitario, impetuoso, de fuertes emociones, dispuesto al sacrificio por amor, sensible y melancólico. Como negro noble tiene sangre real, es prácticamente blanco, sus rasgos físicos

---

[6] Véase también Pedro Barreda (1978: 616) y Helena Percas Ponseti (1962: 351-353).

[7] La paginación de mis citas proviene de *Sab* (1976).

[8] Véase Concepción T. Alzola (1981); Hugh A. Harter (1981: 126-127); Pedro Barreda (1978); Richard L. Jackson (1976).

están bien proporcionados, es fuerte, valiente y gentil, es educado y habla como el resto de los personajes (Jackson 1976: 24-27)[9].

En la novela de Gertrudis Gómez de Avellaneda el héroe romántico es un joven mulato, hijo de una princesa del Congo y de don Luis de B..., un hacendado cubano. Antes de morir, éste le pide a su hermano Carlos de B... que cuide de Sab quien ocupa una posición privilegiada como mayoral en el ingenio de don Carlos, sabe leer y escribir y, además, es considerado cuasi hermano de Carlota, la hija del amo[10]. De ella se enamora Sab, hasta el punto de renunciar al premio de una lotería para que su amada pueda casarse con su rival, el inglés Enrique Otway. Hacia el final, destrozado por el casamiento de Carlota, Sab muere aparentemente de un ataque cardíaco, aunque ya estaba enfermo de tisis. Al cabo de cinco años, Carlota se entera del amor apasionado de Sab.

• **La cadena de sinonimias: reiteraciones de una misma identidad**

La novela se inicia con el encuentro de Sab y Enrique Otway quien, de acuerdo al narrador, al llegar al ingenio de Bellavista, ve que un "paisano del campo" (126) se dirige hacia él. Otway vacila entre esperarlo o seguir su camino, pero como el "campesino" (127) está muy cerca opta por aguardarlo. Camino al ingenio de Bellavista, Enrique se muestra interesado en el nivel de producción azucarera, por lo que el campesino le informa que éste se había visto afectado por la merma de esclavos. De inmediato, Otway comenta cuán fatigosa tendría que ser la vida esclava y "el labrador" (129), tras responderle que era una vida muy dura, se lanza en todo un pronunciamiento sobre los sufrimientos del esclavo. Enrique se siente atraído por la personalidad y manera de hablar del campesino:

> En efecto, el aire de aquel labriego parecía revelar algo de grande y noble que llamaba la atención, y lo que acababa de oírle el extranjero, en un lenguaje y

---

[9] Richard L. Jackson (1976: 22-27) compara a Sab con Oroonoko y con Bug-Jargal como negros nobles y románticos.

[10] En la novela nunca se habla abiertamente de la identidad del padre de Sab, que hasta él mismo desconoce, pero las pistas que deja el narrador apuntan a don Luis de B... El protagonista cuenta que "tenía solamente tres años cuando murió mi protector don Luis, el más joven de los hijos del difunto don Félix de B..., pero dos horas antes de dejar este mundo aquel excelente joven, tuvo una larga y secreta conferencia con su hermano don Carlos, y según se conoció después, me dejó recomendado a su bondad" (132).

con una expresión que no correspondían a la clase que denotaba su traje pertenecer, acrecentó su admiración y curiosidad (129).

De hecho, piensa que tiene el gusto de "estar hablando con algún distinguido propietario", porque sabe que los "criollos cuando están en sus haciendas de campo, gustan vestirse como simples labriegos" (130).

Antes de continuar, valdría la pena detenerse en la exploración de los atributos "paisano del campo", "campesino", "labriego" y "labrador" que utiliza el narrador al hablar de Sab. Cabría preguntarse el porqué de esta unívoca representación, pues, aunque diferentes en su significante, todos estos términos se refieren al mismo significado. Como indica Mary Cruz en el prólogo de *Sab*: "Paisano del campo" es sinónimo de "campesino" y "labriego" es:

> Voz no usual entre los cubanos, donde el trabajador del campo se llamaba antes labrador [...] y hasta hace corto tiempo *guajiro,* como a todo habitante de zona rural o nacido en ella. Los vocablos no usuales en Cuba aparecen en la novela para beneficio de los lectores de España (288).

Esta nota reitera la sinonimia de esos atributos a la vez que propone a Cuba como el entorno nativo del protagonista. Por otro lado, si a "paisano del campo", "campesino", "labriego" y "labrador" se suma "guajiro" que, según María Moliner, es un "campesino blanco de la isla de Cuba" (1982: 1.429), se entenderá la importancia de esta repetición con la que se sitúa al personaje dentro de una territorialidad y una raza definida, mientras se abona su blancura y se proclama la extranjería de Enrique Otway.

Por otro lado, no debe perderse de vista que la inclusión del vocablo "labriego" que, por ser español, mereció una nota al calce en la novela: "voz no usual entre los cubanos [...] los vocablos no usuales aparecen en la novela para beneficio de los lectores de España" (288), evidencia el interés del narrador en que esos lectores peninsulares comprendan que Sab, el paisano del campo-campesino-labriego-labrador-guajiro es cubano.

De igual modo, conviene tener en cuenta también que la cadena de sinonimias y el carácter de "distinguido propietario" que atribuye Otway a Sab lo sitúan en un territorio blanco. A pesar de ello, la definición de ese espacio racial es hecha a un lado cuando el protagonista declara: "no soy propietario, señor forastero [...] Pertenezco –prosiguió con sonrisa amarga–, a aquella raza desventurada sin derechos de hombres... soy mulato y esclavo" (130).

Enrique cree que habla con un "distinguido propietario". Sin embargo, cuando el labriego declara ser mulato, el inglés confirma sus conjeturas: "Bien lo sospeché al principio, pero tienes un aire tan poco común en tu clase, que luego mudé de pensamiento" (130). La fisura de ese mudar de pensamiento responde a su identificación previa con el campesino. Para Otway se trata de un propietario de tierras como él, sólo que ni su vestimenta ni su color racial corresponden a su lenguaje, por eso se confunde. La igualdad socio-racial que le atribuye a Sab se observa en el lenguaje que utiliza: "–Buen amigo, ¿tendrá usted la bondad de decirme si la casa que desde aquí se divisa es la del ingenio de Bellavista" (128). Pero tan pronto se desvanece esa similitud, al enterarse que Sab es "mulato y esclavo", cambia su tratamiento: "–¿Conque eres mulato? –dijo el extranjero, tomando, oída la declaración de su interlocutor, el tono de despreciativa familiaridad que se usa con los esclavos–" (130).

La confusión de Otway es contradictoria, pues él mismo confiesa no ignorar que los criollos suelen vestirse como labriegos cuando están en sus haciendas. No obstante, el desconcierto de Enrique va más allá de la vestimenta e inclusive del lenguaje del labrador: descansa en la falta de reciprocidad entre el color racial y el lenguaje de Sab.

- **Las mudanzas del narrador: contrapunteo en blanco y negro**

La escritura de *Sab* se mueve dentro de los desplazamientos de la mirada de la voz narrativa, que –como le ocurre a Enrique Otway– no consigue definir a su personaje:

> Era el recién llegado un joven de alta estatura y regulares proporciones, pero de una fisonomía particular. No parecía un criollo blanco, tampoco era negro ni podía creérsele descendiente de los primeros habitadores de las Antillas. Su rostro presentaba un compuesto singular en que se descubría el cruzamiento de dos razas diversas, y en que se amalgamaban, por decirlo así, los rasgos de la casta africana con los de la europea, sin ser no obstante un mulato perfecto.
> Era su color de un blanco amarillento con cierto fondo oscuro (127).

¿Cómo es exactamente Sab? No es blanco ni negro. Tampoco es indio. Es un mulato de un "blanco amarillento". Como señala Doris Sommer (1991), al protagonista se le describe por medio de negaciones raciales –"no parecía un criollo blanco, tampoco era negro ni podía creérsele descendiente de los primeros habitadores de las Antillas"– para luego otorgarle un carácter de permanencia: "era su color de un blanco amarillento".

La desterritorialización que opera el narrador en la caracterización de Sab apunta a su deseo de zafarse de la estructura socio-racial que impera en la colonia, a la transgresión de órdenes sociales e intelectuales[11]. Enrique Otway utiliza como referencia el aparato de significación metropolitano y por ello cree ver en Sab a un vecino (128) y amigo de don Carlos de B...; un "distinguido propietario" (130). El "blanco amarillento" de Sab lo lleva a interpretar la realidad a base de una metáfora-raíz que le sirve para estructurar el mundo en términos familiares (Gilman 1985: 23). Enrique es un extranjero, no por lo que indica el narrador, sino porque el personaje así lo demuestra en su curiosidad por lo circundante:

> Fuese efecto de poco conocimiento del camino que seguía, fuese por complacencia de contemplar detenidamente los paisajes que se ofrecían a su vista, el viajero acortaba cada vez más el paso de su caballo y le paraba a trechos como para examinar los sitios por donde pasaba [...] (125).

Como viajero, lleva consigo un esquema cognoscitivo que aplica sin distinción a lo que ve: "no ignoro que los criollos cuando están en sus haciendas de campo, suelen vestirse como simples labriegos" (130). Y si el labriego es blanco, entonces es un hacendado; un vecino y amigo de don Carlos de B... Pero el narrador rompe con la conveniencia del estereotipo: Sab es esclavo y mulato. A esta afirmación se une la cadena de sinonimias que ubica al personaje en la geografía cubana, con la que se da a lo negro un carácter de identidad nacional. De ella se desprende que el protagonista es tan cubano como cualquier blanco libre, campesino y dueño de tierras. Por medio de la negación étnica, la voz narrativa propone la negociación de la identidad del sujeto nacional y articula posibles "respuestas" a las interrogantes que plantea en el epígrafe del primer capítulo, de la primera parte de *Sab*: "–¿Quién eres? ¿Cuál es tu patria?" (125).

- **Entre incertidumbres y ambigüedades**

A la ambivalencia racial del protagonista se adhiere la incertidumbre de su rango. Aunque esclavo, Sab disfruta de una posición privilegiada que obnubila su carácter subordinado. Desde el comienzo de la narración se descubre que ocupa un puesto de "blancos" como mayoral en el ingenio de

---

[11] Para Deleuze y Guattari desterritorialización es "the process of escaping from inhibiting or coercive social and intellectual structures" (Childers y Hentzi 1996: 78).

Bellavista[12]. Por otra parte, mientras le cuenta a Enrique el trato que le prodiga la familia de B..., Sab declara: "por mi propia elección fui algunos años calesero, luego quise dedicarme al campo, y hace dos que asisto en este ingenio" (132). Esa "propia elección" posee un confuso ribete de libertad, de la misma libertad con que jugaba con Carlota, tenía acceso a la biblioteca de don Carlos: "sus libros (los de Carlota) y aún los de su padre han estado siempre a mi disposición" (132), escogía donde iba a vivir: "solicité venir a este ingenio y hace dos años que me he sepultado en él" (221) y visitaba amigos como Martina: "visitábame a menudo y yo le amaba" (197). Incluso señala: "jamás he sufrido el trato duro que se da generalmente a los negros, ni he sido condenado a largos y fatigosos trabajos" (132). El protagonista nunca "ha estado confundido con los otros esclavos [...] tiene suma afición a la lectura y su talento natural es admirable" (149). Además, Carlota lo considera "como un hermano" (149).

Si *Cecilia Valdés* (1882) de Cirilo Villaverde es el texto de los desenmascaramientos, *Sab* es el de las incertidumbres. A las del narrador habría que añadir las de Enrique que no sabe si casarse o no con la hija de don Carlos: "preguntábase interiormente si llegaría en efecto aquel día, y si le sería imposible renunciar a la dicha de poseer a Carlota" (178), las de Carlota que duda de la sinceridad de Otway: "¡Enrique tiene secretos para mí, para mí, que le he entregado mi alma toda entera!" (207) y también las de Sab que vacila ante la posibilidad de asesinar al inglés para evitar que dañe a su "media hermana": "Pero ¿debo yo dejarle la vida ¿Le permitiré que profane ese ángel de inocencia y de amor? ¿Le arrancaré de los brazos de la muerte para ponerle en los suyos?" (158). En *Sab* nada es lo que parece y hasta la libertad del protagonista es un tanto "blanco amarillenta", incierta. El primero que siembra la duda sobre la esperada libertad de Sab es Enrique:

–Es extraño que no seas libre, pues habiéndote querido tanto don Luis de B..., parece natural te otorgase su padre la libertad, o te la diese posteriormente don Carlos (132).

---

[12] A la palabra "mayoral" le acompaña la siguiente definición al pie de página: "Mayoral se llama el director o capataz que manda y preside el trabajo de los esclavos. Rarísima vez se confiere a otro esclavo semejante cargo: cuando acontece, lo reputa éste como el mayor honor que puede dispensársele" (131). Calixto C. Masó indica que: "el mayoral, cargo desempeñado por blancos, era quien mandaba en el ingenio" (1976:170).

[13] Sobre el gesto alienador, aludo a la definición de Hegel: "alienation was a 'dis-

A esa irresolución se agrega el comentario de Carlota cuando su prometido inglés le señala que no le parece útil que el mulato tenga talento y educación si su destino es ser esclavo:

> –Sab no lo será largo tiempo, Enrique: Creo que mi padre espera solamente a que cumpla veinticinco años para darle la libertad (149).

La emancipación del personaje se queda en palabras producto de emociones pasajeras. El primero de esos exabruptos sentimentales surge cuando Carlota le agradece haber salvado la vida de su prometido:

> –Eres libre –repitió ella, fijando en él su mirada sorprendida, como si quisiera leer en su rostro la causa de una emoción que no podía atribuir al gozo de una libertad largo tiempo ofrecida y repetidas veces rehusada […] (160).

El segundo exabrupto se produce cuando don Carlos reconoce el esfuerzo de Sab por mantener en buenas condiciones sus estancias en Cubitas:

> –Es un excelente mozo –dijo don Carlos–, y su celo y actividad han sido muy útiles a esta finca [...] le quiero mucho y ya hace tiempo que fuera libre si lo hubiese deseado. Pero ahora es fuerza que lo sea y que anticipe yo mis resoluciones, pues así lo quiere mi Carlota. Ya he escrito con este objeto a mi apoderado en Puerto Príncipe y tú mismo, Enrique, a tu regreso, te verás con él y entregarás con tus manos a nuestro buen Sab su carta de libertad (181).

La información que provee el narrador es confusa. Por lo visto, Sab ha rechazado en varias ocasiones la oportunidad de ser libre. Sin embargo, se comporta como si lo fuera en su ir y venir constante; además, las deferencias de don Carlos no se tienen con un esclavo: es el mayoral de su ingenio (131), se le enseñó a leer y a escribir (132), es un miembro más de la familia (149) y se le permitió plantar un jardín (163).

Nótese que la caracterización del protagonista es ambigua en otros aspectos. Por ejemplo, Enrique lo considera su ángel protector por librarlo de caer al vacío en su descenso a las grutas de Cubitas: "te soy segunda vez deudor de la vida, y casi me persuado de que eres en la tierra mi ángel protector" (193). Según Carlota es un ángel de consolación que le informa sobre el bienestar de Otway luego de la tormenta: "–¡Amigo mío!, ¡mi ángel de consolación! –exclamaba–: ¡bendígate el cielo!" (160). Para Martina tiene un alma hermosa: "Es hermosa el alma de ese pobre Sab, ¡muy hermosa!" y su corazón se parece a otros "corazones buenos y generosos" (199).

Aunque angélico, Sab es caracterizado por el narrador como un ser maligno. En la escena de la tormenta, la voz narrativa señala:

> Encontró al pobre Otway pálido, sin sentido, magullado el rostro y cubierto de sangre, y quedóse de pie delante de él, inmóvil y como petrificado. Sin embargo, sombrío y siniestro, como los fuegos de la tempestad, era el brillo que despedían en aquel momento sus pupilas de azabache, y sin el ruido de los vientos y de los truenos hubiéranse oído los latidos de su corazón.
> –¡Aquí está! –exclamó por fin con horrible sonrisa–.¡Aquí está! –repitió con acento sordo y profundo, que armonizaba de un modo horrendo con los bramidos del huracán [...] (157).

Su mirada es sombría y siniestra; su sonrisa, horrible. Su voz, tan horrenda como el soplido del ciclón. Por otro lado, cuando espía a Enrique y a Carlota, el narrador describe su mirar como espantoso (151), y al descubrir que Otway es el prometido de Carlota, se dice: "cubrióse su frente de arrugas verticales, lanzaron sus ojos un resplandor siniestro" (133).

El protagonista deambula entre el espanto y la ternura, la libertad y la esclavitud, lo blanco y lo negro. Su incertidumbre racial/civil y la ambivalencia de su rango plasman la situación colonial cubana. Aunque ambivalente, el gesto alienador del narrador es terminante: Sab es diferente[13].

• **El temor a lo "extraño"**

La incapacidad del narrador para definir al protagonista revela: "un temor a ver el Yo en el otro así como al proceso de construir al otro como absolutamente diferente" (Lawrence Rogers 1994: 169). Del miedo a descubrirse en ese "otro" mulato nace su imposibilidad de asentar al personaje en categorías fijas. Con ese gesto atenta, al igual que *Cecilia Valdés* (1882) de Cirilo Villaverde (1812-1894), contra el poder clasificatorio del sistema colonial. La estrategia coercitiva de la que se vale la voz narrativa en *Sab* demuestra como:

> Difference [...] is a misreading of sameness, but it must be represented in order to be erased. The resistance to finding out that the Other is the same

---

cordant relation'[...] between an individual's actual condition and his or her 'essential nature'" (Childers y Hetzi 1996: 7).

[14] Richard L. Jackson declara en su análisis de la representación del esclavo en la

springs out of the reluctance to admit that the same is Other [...] Difference disliked is identity affirmed (Johnson 1969-71: 323).

La mirada del narrador es blanca en su paternalismo, idealización y temor manifiesto a Sab. Aunque vacila ante la identidad del protagonista, la emparenta y afirma como representante de la incipiente cultura cubana. Su renuencia a asignarle una identidad concreta marca la imposibilidad de afirmar lo que no existe todavía por estarse fraguando en el imaginario nacional. Y aunque su gesto abre el campo de representación cultural y contribuye a pensar la identidad cubana a partir de un tercer espacio que no es ni "blanco" ni "negro", su criterio todavía es racista.

En la novela el recelo hacia lo negro se manifiesta en varias instancias narrativas, como en el diálogo entre Sab y Teresa:

–¡Imbécil sociedad, que nos ha reducido a la necesidad de aborrecerla, y fundar nuestra dicha en su total ruina!
–¡Sab! –dijo entonces con trémula voz–, ¿me habrás llamado a este sitio para descubrirme algún proyecto de conjuración de los negros? ¿Qué peligro nos amenaza? ¿Serás tú uno de los...?
–No –la interrumpió él con amarga sonrisa–, tranquilizaos, Teresa, ningún peligro os amenaza; los esclavos arrastran pacientemente su cadena [...] (220)[14]

y en la escena en la que don Carlos de B... le pregunta a Sab sobre los "terribles vaticinios" que ha escuchado proferir a Martina:

–¿Y cuáles son? –preguntó don Carlos con cierta curiosidad inquieta, que mostraba haber sospechado ya lo que preguntaba.
Sab se turbo algún tanto, pero dijo al fin con voz baja y trémula:
–En sus momentos de exaltación, señor, he oído gritar a la vieja india. "La tierra que fue regada con sangre una vez lo será aún otra: los descendientes de los opresores serán oprimidos, y los hombres negros serán los terribles vengadores de los hombres cobrizos".
–Basta, Sab, basta –interrumpió don Carlos con cierto disgusto; porque siempre alarmados los cubanos, después del espantoso y reciente ejemplo de una isla vecina, no oían sin terror en boca de un hombre del desgraciado color

---

narrativa antiesclavista que: "An apparent acceptance of blackness as inferior is projected even in these novels as they dwell at length on the negative qualities of black man whom they are especially prone to portray as docile, tranquil, resigned to his fate, and lacking a rebellious spirit" (1976: 22).
[15] Véase Pedro Deschamps Chapeaux (1971).

cualquiera palabra que manifestase el sentimiento de sus degradados derechos y la posibilidad de reconquistarlos (186-187).

El temor a lo negro que manifiestan los personajes blancos de *Sab* encuentra eco en la turbulencia racial de la Cuba decimonónica. La revolución haitiana (1791-1803) alentó en los esclavos cubanos un espíritu de rebelión y de búsqueda de libertad que se manifestó en varias conspiraciones entre las que descuellan, en 1812, la del carpintero José Antonio Aponte en la que intervinieron negros haitianos y, en 1844, la de la Escalera que afectó a numerosos miembros de la burguesía mulata y de la sacarocracia habanera. Ambos movimientos, aunque aplacados de inmediato, fueron responsables de las múltiples sublevaciones que se suscitaron en distintos ingenios y cafetales a lo largo de Cuba[15].

Aunque en *Sab* el narrador no traspone su rechazo a lo híbrido, la novela de Gómez de Avellaneda contribuye a pensar la identidad cubana como una amalgama de razas que imposibilita la dependencia de "lo blanco" o "lo negro" para marcar lugares de pertenencia cultural. Según Tzvetan Todorov hay ocasiones en que "la palabra 'raza' por lo tanto se convierte casi prácticamente en sinónimo de lo que nosotros llamamos 'cultura'" (1986: 373). Esa diferencia racial como diferencia cultural demuestra la pericia del escritor colonial para invalidar la alegoría maniquea del discurso metropolitano. Si bien el racismo habita la mirada del narrador, también la ocupa su deseo a ese "otro" que, al decir de Félix Tanco y Bosmeniel, es "como una sombra deforme, mutilada, horrorosa; pero poética y bella..." (Bueno 1988: 175). Ese vacilar entre el deseo/rechazo a la diferencia racial, gesto que se asemeja al amor/odio del narrador en *Cecilia Valdés* hacia negros y mulatos, socava la rigidez de la ideología peninsular y, con ello, la validez de su criterio ordenador. *Sab* celebra la imposibilidad de encerrar al sujeto nacional en categorías raciales esencialistas. Su resistencia a definir al protagonista, en términos de una raza, un lugar civil o un rango determinado, cuestiona las bases de una nación que se imagina a partir de un esquema étnico metropolitano.

Sab recrea la extrañeza étnica. Así, desde la periferia, instaura una micropráctica diferenciadora con la que construye una personalidad nacional que se escurre en los intersticios del discurso colonial.

Al hablar de lo extraño me remito a Bauman cuando señala que la categoría del extraño desestabiliza la relación amigo/enemigo que es el binaris-

---

[16] Stacey Schlau declara que: "Three and a half centuries after Columbus first

mo utilizado por Bauman para explicar la construcción de la realidad social. Los extraños son:

> The *as-yet-undecided;* they are, in principle, *undecidables.* They are the premonition of that 'third element' which should not be. These are the true hybrids, the monsters –not just *unclassified,* but *unclassifiable.* They do not question just this one opposition here and now: they question oppositions as such, the very principle of the opposition, the plausibility of dichotomy it suggests and feasibility of separation it demands. They unmask the brittle artificiality of division. They destroy the world (Bauman 1991: 58-59).

Sab es extraño dentro de la lógica del texto. La incomodidad que instaura su "blanco amarillento", en la jerarquía social, dialoga con una realidad híbrida y da al traste con el rígido sistema de representación racial. En sus fisuras descriptivas se cuela la posibilidad de trazar un puente transculturador entre lo blanco y lo negro. Con ellas reta el esencialismo racial en la colonia e inaugura un acto trasgresor que erosiona el maniqueísmo colonial.

- **La libertad de Sab: fisura patriótica**

> ¿Concebís todo lo que hay de horrible en la unión del alma de Carlota y el alma de Enrique?
>
> Gertrudis Gómez de Avellaneda (235).

Sab tiene vocación de esclavo mas allá de su enclave dentro de la estética romántica. Al inicio de la narración, el personaje le indica a Enrique: "Desde mi infancia fui escriturado a la señorita Carlota: soy esclavo suyo, y quiero vivir y morir en su servicio" (131). Más adelante, don Carlos de B... comenta que Sab ha rechazado ser libre: "hace tiempo que fuera libre si lo hubiese deseado" (181). Por otra parte, el comentario de Otway, que el personaje no desmiente, es sugerente: "–Estás acostumbrado a la esclavitud" (132). El mulato nunca procura su emancipación, ni siquiera cuando gana la lotería. Teresa que sabe del premio le dice:

> Al presente eres libre y rico: la suerte, justa esta vez, te ha dado los medios de elevar tu destino a la altura de tu alma. El bienhechor de Martina tiene oro para repartir entre los desgraciados, y la dicha de la virtud le aguarda a él mismo (231).

Es éste uno de los aspectos que más llama la atención en la novela de Gertrudis Gómez de Avellaneda. Cuestionable e incierta, su emancipación nunca llega a feliz término. A pesar de ello, el narrador la pone en boca de los personajes, la ventila y despliega como promesa futura. Es más, en ella retrata la posición política de sacarócratas y liberales frente al peligro británico. Nótese que al optar por la cercanía de Carlota, el mulato se mantiene dentro del estado de subordinación al que está acostumbrado dentro del sistema esclavista. En cambio, al aparecer Enrique, esa estructura se ve amenazada: "Carlota de B... va a casarse y acaso la dependencia de un amo no te será tan grata como la de tu joven señorita" (133). En concreto es a partir de la presencia de Otway que entra en juego el tema de la libertad de Sab. La relación entre Carlota y el joven inglés fuerza a que ese asunto se resuelva cuanto antes. Es por eso que don Carlos de B... le pide a Enrique que se encargue de tramitarle al mulato su carta de libertad.

Ahora bien, con lo anterior no propongo que Sab represente a la sacarocracia conservadora que echa mano al centro metropolitano para evitar la abolición de la esclavitud y, por consiguiente, la ruina de la colonia cubana. Planteo que la ambigüedad de su representación y, sobre todo, de su presunta libertad, es el canje ideológico con que Gómez de Avellaneda plasma el dilema en que se debatía la colonia cubana como resultado de la presión abolicionista inglesa. Para elaborar esta idea, valdría la pena pensar aquí en la caracterización del inglés Otway. A Enrique se le describe como "tan codicioso como su padre" (147) hasta el punto de irse, en medio de una tormenta, a sus negocios:

> [...] no dejaba de conocer la proximidad de la tormenta, pero convenía a sus intereses comerciales hallarse aquella noche en Puerto Príncipe, y cuando mediaban consideraciones de esta clase ni los rayos del cielo, ni los ruegos de su amada podían hacerle vacilar; porque educado según las reglas de codicia y especulación, rodeado desde su infancia por una atmósfera mercantil, por decirlo así, era exacto y rígido en el cumplimiento de aquellos deberes que el interés de su comercio le imponía (152).

Se le presenta también como falto de buenas intenciones hacia Carlota –"el alma que se encerraba en tan hermoso cuerpo era huésped mezquino de un soberbio alojamiento"– (228) y del todo obcecado con la idea de enriquecerse:

> [...] cuando yo vuelva a ser tan rico como era, en vez de estos miserables barquichuelos esta bahía se verá adornada de elegantes buques, que traigan a mis

almacenes las producciones de la industria de toda Europa. Sí, porque si yo fuese poseedor de una fortuna mediana sería centuplicada en mis manos antes de veinte años, y luego ya no sería un triste traficante en una ciudad mediterránea (243).

Su caracterización encuentra puntos de contacto con lo que expresa Eric Williams:

> The Spanish and Cuban authorities replied with the countercharge that Britain's scrupulous adherence to the treaties was motivated by hypocrisy and an 'exaggerated philanthropy', which were a cloak for the real aim of destroying Cuba and saving the British West Indies [...] Britain philanthropy for 'the children of Senegal', in the opinion of a Spanish official in the island, was really designed to secure a monopoly of sugar production for India, at expense of 'the children of Ganges'.
> [...]
> The Duc de Fitz-James, in a long speech in the Chamber of Deputies, denounced the treaty [1841] as the beginning of the execution of a vast, immense plan, conceived to achieve nothing less than to make all Europe dependent on England for its consumption of sugar. India is to be this new source of wealth (1970: 312-314).

Y por lo que también nos refiere Arthur F. Corwin:

> The Colonial Section of the Royal Council repeated the charge that England, out of envy for Cuban sugar production, was attempting to destroy Cuban prosperity by championing the cause of emancipation. The proof of this, reasoned the Council, was in the fact that Britain did not make similar demands on slaveholder in Brazil, the United States or other nations (1967: 87).

De manera semejante, el recelo hacia lo inglés lo manifiesta el narrador en la caracterización de Jorge Otway, el padre de Enrique, quien aprovecha la enfermedad de don Carlos de B... para engrosar su fortuna. La devoción que le atribuía Carlota a Jorge, en el cuidado de su padre enfermo, devino en la pérdida de la herencia que le correspondía a ella. Cuenta el narrador:

> Durante las últimas semanas de la vida del pobre caballero, Jorge no se apartaba un instante de la cabecera de su lecho, velándole las noches en que Carlota descansaba. Agradecía ella, esta asistencia con todo el calor de su corazón sensible y noble, incapaz de penetrar sus viles motivos; pero al descubrirlos su indignación fue tanto más viva cuanto mayor había sido su confianza.

Débil de carácter don Carlos [...] fue una blanda cera entre las manos de hierro del astuto y codicioso inglés, que logró hacerle dictar un testamento en el cual dejaba a Carlota todo el tercio y quinto de sus bienes (270).

Nótese que en *Sab* los ingleses son ambiciosos, rígidos y ávidos de riqueza. Ante todo, carecen de un alma noble. La narración acentúa esa carencia cuando Sab lamenta que Enrique no tenga un alma como la suya: "¿Por qué el que te puso (Carlota) sobre esta tierra de miseria y crimen no dio a ese hermoso extranjero el alma del mulato?" (166). La falta de sensibilidad en los británicos se subraya también cuando Otway piensa que: "trocando su corazón por el corazón de aquel ser degradado (Sab) sería más digno del amor entusiasta de Carlota" (176). Y aunque Carlota compara a Enrique y a Sab favorablemente, el narrador aclara que era "una comparación que sabía bien (Enrique) no era merecida" (262).

La voz narrativa sugiere la ambivalente situación colonial en la incierta libertad de Sab. Entre amistad/enemistad se debate el futuro de la "joya de la corona española" (Knight 1970: 137) frente al peligro británico. De la contraposición entre el cubano Sab y el inglés Otway se desprende el temor del narrador a que Cuba pase a manos extranjeras. Por ello remacha la inadecuación de Enrique al suelo cubano y su incompatibilidad con Carlota. En su representación de los personajes ingleses, se aviva su desconfianza hacia Inglaterra, ante la posibilidad de que su interés por la esclavitud en Cuba "tuviese un motivo ajeno del amor" (147).

- **El narrador como paisajista**

Hasta ahora he mostrado cómo la ambivalente representación de Sab reta el binarismo colonial e impide sentar las bases de la nacionalidad cubana a partir del esquema pigmentario metropolitano. En esta sección voy a concentrarme en la figuración del paisaje como estrategia portadora de un saber marginal que desafía al poder hegemónico peninsular. Pero antes de adentrarme en el análisis del paisaje, debo señalar que la naturaleza en *Sab* se ha estudiado dentro de las coordenadas de la estética romántico-realista. Gran parte de los críticos (Boyer, Peers, Gutiérrez de la Solana, Ballesteros) destacan de una forma u otra la exhuberancia y el carácter americano de la naturaleza descrita en la novela. Por el contrario, una lectura cuidadosa de ese entorno natural permite darse cuenta de que las contradicciones que acechan al narrador en su tratamiento de la diferencia mulata, circundan también el esbozo de la naturaleza de Puerto Príncipe, eje de la acción narrativa.

De esas incongruencias se vale para infiltrar un modo de pensar y sentir a la nación desde la posición periférica del sujeto colonial.

Recuérdese que al inicio del relato el escenario natural es idealizado. El narrador lo describe como de "campos pintorescos" y "fertilísimos" (125), "vigorosa y lozana vegetación" (126), "sabanas inmensas donde la vista se pierde" (126). Sin embargo, en Cubitas se torna umbrío:

> A medida que se aproximaban a Cubitas, el aspecto de la naturaleza era más sombrío: bien pronto desapareció casi del todo la vigorosa y variada vegetación de la tierra prieta, y la roja no ofreció más que esparramados yuraguanos** y algún ingrato jagüey,** que parecían en la noche figuras caprichosas de un mundo fantástico
> [...]
> **El yuraguano es un arbusto de la familia de los guanos con muchas hojas parecidas algún tanto a las de la palma: aquéllos a que se hace referencia en esta historia, y que abundan en las inmediaciones de Cubitas, son más altos que los yuraguanos comunes...
> **El jagüey al principio no es más que un bejuco que se enreda a un árbol. Crece prodigiosamente; cubre y oprime con sus ramas el tronco que le ha sostenido y acaba por secarle... (184).

De inmediato llama la atención la abundancia de notas a pie de página que refuerzan la descripción paisajista. Aunque Gómez de Avellaneda se encarga desde un principio de explicarle al lector las particularidades cubanas, razón por la que deberíamos estar acostumbrados a sus continuas intervenciones, en este trozo narrativo esas anotaciones se tornan harto abundantes. A decir verdad, los apuntes sobre Cubitas son los más amplios de toda la novela. Si se contabilizan las notas al pie hasta el capítulo nueve, primera parte, se obtendrá un total de quince (15) apuntes, distribuidos en las páginas: 126, 127, 128, 130, 131, 133, 134, 148, 151, 153, 163, 164, 183, 184 y 185. Después del capítulo noveno, y hasta el final de la novela, hay tan sólo dos (2) notas: una en la página 194; la otra en la 225.

La autoridad narrativa está en crisis y para mantener a flote su autoridad tiene que recurrir a la elongación de apuntes al pie de página. El mermar de la intervención interpretativa del narrador se da justo cuando sus ambigüedades descriptivas sintomatizan el dibujo de Cubitas. La vacilación que experimenta el texto frente a Sab, a quien caracterizaba como ángel/demonio, es re-inscrita en un paisaje de doble cariz: ideal y tenebroso. Esa caracterización gótica del paisaje de Puerto Príncipe, más que una pincelada nativa "marca distinciones potenciales y maneras discriminatorias de ver y de conocer" (Mohanty 1991: 318). Con esas ambivalencias se retrata la lucha imperativa del colonizado por infiltrar, dentro del discurso colonizador, su derecho a imaginar la patria. Así marca la distancia entre el saber metropolitano y el criollo. Igualmente, ellas lo ratifican como intérprete del paisaje nativo; así impone su conocimiento sobre un "otro" europeo, ignorante de la realidad cubana[16].

- **Cubitas: formas de ver y pensar a la nación**

La conexión entre la descripción gótica del paisaje y el quiebre de la autoridad del sujeto colonial la debo a Gail Ching-Liang Low que en *White Skins/Black Masks. Representation and Colonialism* indica:

> [...] colonial discourse is shot through with desire and turns into a form of paranoia. This other knowledge exhibited by the text is fantasmatic and uncanny, and located in shadowy spaces where things exceed their naming and slip away from authoritative pinning down. The text's gothic mode can be most clearly discerned in the narrator's fear of native bodily contact, imagined as an invasion of private space and a deracination of self [...] narrator's phobia of native bodies can be read as an uncanny metaphor of the sudden collapse of discursive authority (1996: 137-138).

La voz narrativa inicia su deseo paranoico por lo nativo a partir de la representación de las cuevas de Cubitas. En su delineamiento de las cavernas, a las que van de paseo don Carlos de B.. y su familia, capitaneados por Sab, se advierte el conocimiento fantasmal, engañoso y resbaladizo en el que colapsa la facultad descriptiva. De acuerdo al narrador, ese espacio es "ciertamente una obra admirable de la naturaleza" (191). La primera de las grutas consta de varias salas, "comunicadas todas entre sí por pasadizos estrechos y escabrosos" (191). A pesar de su difícil acceso el narrador declara que vale la pena por "el placer de admirar las bellezas que contiene" (191). Además, el que visita esa cueva de los Negros Cimarrones "al levantar los ojos, en aquel reducido y tenebroso recinto, ve brillar sobre su cabeza un rico dosel de plata sembrado de zafiros y brillantes" (191). Otro de sus atrac-

---

attempted to describe the New World to the Spanish monarchs, Sab's footnotes explain the various plants, birds, animals, and other natural phenomena of Cuba. This curious informational device indicates how strange America remained to Europeans, even by mid-nineteenth century" (1986: 501).

[17] Considérese, por ejemplo: las "miradas curiosas" de Enrique al contemplar

tivos son las figuras que ha ido formando el agua que se filtra por sus incontables grietas: "se ven infinitas petrificaciones sin formas determinadas, que presentan masas de deslumbrante blancura y figuras raras y caprichosas" (192). A otra de las grutas la circundan "mil tradiciones maravillosas [...] que recuerdan los misteriosos palacios de las hadas", pero nadie se ha atrevido a pasar de la undécima sala, por creerse que "un río de sangre demarca su término visible, y que los abismos que le siguen son las enormes bocas del infierno" (192).

Valga decir que es difícil fijar el sentir del narrador frente a ese espacio nativo que "los naturales del país admiran con una especie de fanatismo" (191), pues aunque lo dibuja como un lugar cuasi mítico le añade fuertes tonos góticos que lo indeterminan. La irresolución frente a las cuevas de Cubitas es síntoma de las ambigüedades que atraviesan el relato y que se originan en la confusa racialidad de Sab. Al igual que en el encuentro de Enrique con el paisano del campo, el encuentro de la voz narrativa con el entorno nativo fascina y confunde. Ni Sab ni las cuevas de los Negros Cimarrones ni María Teresa y Cayetano son lo que aparentan.

Ahora bien, esa contradictoria inflexión del recurso descriptivo en *Sab* adquiere mayor densidad si se la examina a través del personaje de Martina. Antes de presentarla se le insinúa al lector, por medio de don Carlos de B., que se trata de una vieja demente que cree descender "de la raza india" (186). Por medio de Sab sabemos que posee gran experiencia en medicina casera y que, además, le gusta contar historias de "vampiros y aparecidos" (186). Para el narrador se trata de alguien con "un aire ridículamente majestuoso" (193). Así la describe:

> Rayaba Martina en los sesenta años, que se echaban de ver en las arrugas que surcaban en todas direcciones su rostro enjuto y su cuello largo y nervioso, pero que no habían impreso su sello en los cabellos, que si bien no cubrían sino la parte posterior del cráneo, dejando descubierta la frente que se prolongaba hasta la mitad de la cabeza, eran no obstante de un negro perfecto. Colgaba ese mechón de pelo sobre la espalda descarnada de Martina, y la parte calva de su cabeza contrastaba de una manera singular, por su lustre y blancura, con el color casi cetrino de su rostro. Ese color, empero, era todo lo que podía alegar a su favor de sus pretensiones de india, pues ninguno de los rasgos de su fisonomía parecía corresponder a su pretendido origen.
>
> Sus ojos eran extremadamente grandes y algo saltones, de un blanco vidriado sobre el cual resaltaban sus pequeñas pupilas de azabache: la nariz larga y delgada parecía haber sido aprensada, y la boca era tan pequeña y hundida que apenas se le veía, enterrada, por decirlo así, entre la prominencia de la nariz y la de la barba; que avanzaba hacia afuera hasta casi nivelarse a ella (193-194).

Es evidente que la vida de este personaje ha sido un cúmulo de sinsabores: su nuera y dos de sus nietos han muerto, un incendio destrozó su casa y el último nieto que le queda está enfermo y próximo a morir. Martina es un ser marginal: muerte, enfermedad, locura, miseria, destrucción. Todo cuanto la rodea procura aniquilarla como representante de una "raza desventurada" (186). Nótese que el narrador no da cuenta del origen racial de Martina y que tan sólo se limita a desmentir su conexión con lo indígena, ya que "ninguno de los rasgos de su fisonomía parecía corresponder a su pretendido origen" (193-194). En todo caso, "el color casi cetrino de su rostro [...] era todo lo que podía alegar a su favor", pero éste no la ubica de forma concreta en ninguna variante racial.

Lo cetrino es un pigmento, de acuerdo al *Diccionario de la lengua española*, "amarillo verdoso" (1992: 469). Entonces, Martina es como Sab: híbrida. Ello explica la actitud del narrador frente al personaje de la vieja india que desestabiliza el sistema axiomático de significantes de que se vale para construirla como un "otro". Su color cetrino al igual que el "blanco amarillento" de Sab, echan a perder la funcionalidad del binarismo colonial; la "alegoría maniquea" de la que habla JanMohamed. Su hibridez racial no encaja dentro de las oposiciones condensadoras de la "alteridad". A este propósito manifiestan los autores de *The Empire Writes Back* que:

> these 'hybrid' forms are either deliberately destroyed or marginalized, their very presence disrupts the apparently axiomatic significatory system which has invested itself with absolute authority over those it has constructed as 'Other' (1989: 103).

Esa ambivalencia racial que caracteriza a Martina evita que se la condense dentro de categorías étnicas definidas. Así, la voz narrativa atenta contra las oposiciones binarias en las que se basa el poder metropolitano en su búsqueda por institucionalizar diferencias. Siguiendo las ideas de Albert Memmi, las antinomias no son "una nota objetiva, diferenciada y sometida a posibles transformaciones, sino de una *institución*" (1974: 141).

En *Sab* el narrador reta el poder institucionalizador de las antinomias metropolitanas, su autoridad para separar a "unos" y a "otros". Y es que a Martina no puede clasificársela, porque al igual que el protagonista mulato, es híbrida y absolutamente marginal.

Por otro lado, a Sab, a Martina, al paisaje de Puerto Príncipe y a los cuentos populares se suma la leyenda del cacique Camagüey y la relación de una curiosa lucecita. La tradición cuenta que el cacique fue maltratado por los españoles, quienes correspondieron a sus atenciones con la violencia, hasta que finalmente lo arrojaron desde una de las cumbres de Cubitas. Su cadáver despedazado quedó esparcido por todas partes y su sangre regó la tierra. De acuerdo a los cubiteros, el alma de Camagüey se acerca todas las noches a la cumbre de la montaña en forma de luz. Así anuncia su venganza a los descendientes de los españoles. Al referir esta fábula, el narrador da paso al saber tradicional que acepta como explicación suficiente frente a la valoración científica del historiador habilidoso. Sin embargo, aunque (re)conoce a Cubitas como fundamento de la historia nacional, no consigue mantener una posición firme ante esa territorialidad nativa.

La historia de Camagüey y su relación con la misteriosa lucecita que ven los personajes aparecer y desaparecer camino a Cubitas, autoriza el saber criollo y marginal frente a la centralidad del conocimiento peninsular. Una nota al margen indica:

> Los cubiteros han forjado en otros tiempos extraños cuentos relativos a una luz que decían aparecer todas las noches en aquel paraje, y que era visible para todos los que transitaban por el camino de la ciudad de Puerto Príncipe y Cubitas [...] Un sujeto de talento, en un artículo que ha publicado recientemente en un periódico, con el título de "Adición a los apuntes para la historia de Puerto Príncipe", hablando sobre este objeto dice que eran fuegos fatuos, que la ignorancia calificó de aparición sobrenatural. Añade el mismo que las quemazones que se hacen todos los años en los campos pueden haber consumido las materias que producían el fenómeno. Sin pararnos a examinar si es o no fundada esa conjetura, y dejando a nuestros lectores la libertad de formar juicios más exactos, adoptamos por ahora la opinión de los cubiteros, y explicaremos el fenómeno [...] tal cual nos ha sido referido y explicado más de una vez (185).

Como se aprecia en esta cita, la visita a Cubitas es la exaltación y la validación de lo nativo ante la extranjería de lo peninsular. Ya sabemos cómo la leyenda de la misteriosa lucecita desautoriza "lo extranjero" frente a "lo nativo"; descrédito que se observa cuando se contrapone el juicio de los cubiteros al criterio de "un sujeto de talento". De esta forma, la voz narrativa siembra la duda: ¿cuán exactos pueden ser los juicios de ese sujeto frente al saber pueblerino? En todo caso, no le interesa "examinar si es o no fundada" la explicación de ese sujeto talentoso. Mas bien lo que pretende es acentuar el conocimiento popular que le ha "referido y explicado más de una vez" el fenómeno de la luz que aparece todas las noches en un camino cercano a Puerto Príncipe.

El saber pueblerino se impone a cualquier conjetura con ribetes científicos. Al validar una leyenda que es *vox populi,* el narrador desautoriza el artículo del sujeto talentoso que pretende ser una "Adición a los apuntes para la historia de Puerto Príncipe" y considera su criterio como inadecuado frente a las creencias tradicionales de los cubiteros. Esa inadecuación podemos relacionarla con la incapacidad de Enrique para manejárselas en la geografía cubana. Basta recordar la escena de la tormenta, cuando Sab tiene que rescatarlo por no saber cómo enfrentarse a la naturaleza enfurecida:

> A pesar del auxilio de una gruesa cuerda, y de la robusta mano de un negro, fallóle un pie en la mitad del declive y hubiera indudablemente caído, arrastrando consigo al esclavo, si Sab, que bajaba detrás de él [...] no le hubiese socorrido con tanta oportunidad como osadía (193).

En la porosidad del terreno nativo anida la posibilidad de construir la diferencia cubana frente a la metrópoli y a la presencia inglesa en la isla. El conflicto narrativo es señalar qué es exactamente "lo cubano", dónde se lo encuentra y quién o qué lo representa. La afición del narrador por Sab, Cubitas y el saber popular de Martina es evidente, pero no definitiva. No obstante, en esa contradictoria fractura mimética del deseo se elabora un "discurso de paso" que no echa raíces, pero que muestra las marcas de su contradicción y del anhelo/rechazo por la otredad. Un discurso transitorio que encierra la ambivalencia o ansiedad sobre su propia autoridad. Para colarse dentro del poder metropolitano, la voz narrativa tiene que atentar contra su sistema axiomático de significación; contra esos esquemas unívocos de representación. Es por eso también que zigzaguea entre "lo paradisíaco" y "lo demoníaco" de la geografía cubitera, y es por ello que no logra esbozar concretamente a la vieja india Martina. A todo lo cual habría que añadir, además, las notas a pie de página, la leyenda de Camagüey y las creencias populares. Todo un conglomerado de ambiguas inflexiones con las que el narrador establece micro-prácticas de significación que cuestionan la validez de la ideología colonial y su poder legitimador, a la vez que procura autorizarse como intérprete del discurso cultural cubano.

- **Intersticios del discurso colonial: conclusiones**

> The question of the representation of difference is therefore always also a problem of authority.
>
> Homi K. Bhabha (1994: 89).

El "blanco amarillento" de Sab no sólo rompe con el discurso, sino que da paso a una incertidumbre que construye al sujeto colonial como presencia parcial. De esa representación "a medias" cuelga la ambigua autoridad narrativa, incapaz de mostrar al personaje dentro de una variante racial específica. La novela de Gómez de Avellaneda recrea la "metonimia del deseo colonial" que margina discursos dominantes en los que la parcialidad es sinónimo de lo inapropiado (Bhabha 1994: 88). En el tratamiento del protagonista, el narrador autentifica esa diferencia que ante el poder metropolitano no tiene ningún valor. Los discursos del poder no toleran lo parcial. Lo inapropiado no encaja en su "archivo de ideas", archivo que encuentra eco en la imposibilidad de Enrique para reconocer a Sab como un "otro" y que luego lo lleva a asombrarse, por no encontrar en él "nada de la abyección y grosería que es común en gentes de su especie" (149).

El narrador monumentaliza la "extrañeza" étnica en el esclavo mulato y en la vieja india, Martina. En su búsqueda por validarlos como sujetos coloniales cuela su lucha por cimentar su interpretación de la realidad étnica, cultural e histórica de Cuba. Tras su reclamo por representar la diferencia cubana frente a la peninsular y la inglesa, desatiende las exigencias narcisistas de la autoridad colonial que busca, en el delirio maniqueo, la distinción de su dominio. El rastreo de su poder recuerda las ideas de Frantz Fanon cuando indica que el hombre es humano sólo al tratar de imponer su existencia sobre cualquier otro hombre para lograr que éste lo reconozca. Hasta tanto no haya logrado ese reconocimiento, el "otro" va a permanecer como tema de sus acciones. Es en ese "otro" que el sentido de su vida se encuentra condensado (1967: 216). Sab atenta contra el deseo de reconocimiento del colonizador. Para elaborar esta idea, vale la pena retomar la mutua atracción entre Otway y el paisano del campo al inicio del relato:

> El campesino estaba ya a tres pasos del extranjero y viéndole en actitud de aguardarle detúvose frente a él y ambos se miraron un momento antes de hablar. Acaso la notable hermosura del extranjero causó cierta suspensión al campesino, el cual por su parte atrajo indudablemente las miradas de aquél (127).

Aquí se advierte la fascinación desde la que Enrique pretende ver a Sab como un "otro" igual a su "yo". Pero Sab ni lo reconoce ni le permite reconocerse en él; acción que, dicho sea de paso, encuentra eco con la imposibilidad de reconocimiento entre Pimienta y Leonardo Gamboa en *Cecilia Valdés*. Es por esa razón que Enrique lo confunde con un hacendado de su mismo nivel socio-racial. Este hecho rompe con el poder totalizador metropolitano que comprime al sujeto colonial dentro de esquemas que aseguren y afirmen su identidad. Sab escapa al ojo disciplinante y le recuerda en su mirar la impotencia de un saber inapropiado (hacendado/blanco) para delinear el modelo exacto de su representación (esclavo/mulato).

Al hablar de miradas y de encuentros, cabe mencionar aquí que la novela es toda ojos[17]. No sólo en la escena ya aludida, sino en otros pliegues del tejido narrativo se da rienda suelta a las miradas. Sobre todo a las ocultas de Sab:

> De repente detúvose (Enrique), quedóse inmóvil mirando de lejos a Carlota, y escapóse de sus labios una palabra... pero una palabra que revelaba un pensamiento cuidadosamente disimulado hasta entonces. Espantado de su imprudencia tendió la vista en derredor para cerciorarse de que estaban solos, y agitó al mismo tiempo su cuerpo un ligero estremecimiento. Era que dos ojos, como ascuas de fuego, habían brillado entre el verde oscuro de las hojas, flechando en él una mirada espantosa (151).

El colonizador disecciona y fija en su mirada la diferencia racial representada en Sab, al punto de creerla conocida: "¿Conque eres mulato? [...] bien lo sospeché al principio" (130). Sin embargo, la impotencia lo sobrecoge en esa escena que opera como la devolución de exigencias del subordinado al poder hegemónico; escena en la que da cuenta del deseo de "ser invisible, de pertenecer, de evitar la amenaza de cualquier encuentro real, de observar sin ser observado, en fin de gobernar [...] sin que parezca hacerlo" (Mohanty 1991: 331).

Una vez más, al dominador le resulta imposible manejar esa escurridiza subjetividad que lo observa sin saberlo:

> Yo (Sab) he sido la sombra que por espacio de muchos días ha seguido constantemente sus pasos (los de Enrique); yo el que ha estudiado a todas horas su conducta, sus miradas, sus pensamientos...; yo quien ha ganado a sus esclavos para saber de ellos las conversaciones que se suscitaban entre padre e hijo [...] (228).

En *Sab* el narrador disfraza ese deseo por gobernar a través del personaje mulato. Las incertidumbres de la autoridad narrativa frente a la diferencia que le suponen el protagonista mulato y la vieja Martina segmentan su escritura; segmentaciones que demuestran la búsqueda por inscribir su palabra

---

Bellavista (128), la "mirada de simpatía" de Sab al verlo (129), la "mirada fijada en su rostro con notable expresión de sorpresa" que descubre el mulato en Otway (129), "la mirada penetrante" y luego "indagadora" con que Sab le mira mientras conversan (130), "tímidas miradas" (178), "mirada imperiosa" (197), "mirada de reconvención" (199). Por otro lado, en la novela se habla de "ojos negros y penetrantes" (133), "ojos fijos" (156), "ojos con la expresión de una viva alegría" (173).

dentro del discurso colonial. Para circular en él tiene que camuflarlo de las constantes vacilaciones a las que no hemos estado refiriendo.

La novela de Gómez de Avellaneda amenaza la estabilidad de la autoridad peninsular cuando el narrador no logra describir al protagonista ni como blanco, negro o indio. Aun cuando procura blanquearlo, el narrador deja "en aquel trasfondo negro" una hendidura por donde acercarse a la diversidad étnica cubana desde la que pueda pensarse a Cuba desde Sab y a partir de la cadena de sinonimias tras las que se lo presenta en el inicio de la obra –labrador, campesino, paisano del campo–, con que se destaca su pertenencia a la territorialidad cubana y, aunque ambivalente, su representación atenta contra el poder metropolitano, porque descubre el color "blanco amarillento" con el que empieza a teñirse la identidad nacional de la Cuba decimonónica.

Capítulo IV

Las sombras del lenguaje:
el mulataje lingüístico en *Cecilia Valdés*

Cecilia Valdés (1882) del cubano Cirilo Villaverde (1812-1894) es la novela por excelencia de las letras cubanas decimonónicas. En 1839 aparece publicada como un cuento dividido en dos partes que luego, ese mismo año, se convierte en una primera versión de la novela[1]. Para 1882 alcanza su forma definitiva[2]. La obra presenta el amor incestuoso entre Cecilia y Leonardo Gamboa quienes se enamoran sin sospechar que son hermanos, a la vez que destaca algunas de las preocupaciones de la época como los amores prohibidos entre la raza blanca y la negra, la constitución racial de la nación y las alianzas de clase.

En general, los estudios sobre el texto han revisado mayormente el antiesclavismo, el "problema" genérico y el muestrario étnico de la sociedad cubana. En "Cecilia Valdés: espejo de la esclavitud", César Leante declara que "la médula de esta tragedia se encuentra en la esclavitud, en el sistema esclavista [...] De aquí que el verdadero, raigal y casi único tema de *Cecilia Valdés* sea la esclavitud" (1975: 20). También señala que la obra es "por encima de todo, una novela social de factura realista tal como lo declaró el propio Villaverde al dar a la imprenta la versión definitiva de su obra" (1975: 19). Esta clasificación se opone a la de Enrique Anderson Imbert que la considera una novela costumbrista, lo cual para César Leante es:

> Un criterio tan injusto como desacertado e inadmisible sobre esta obra literaria. Del mismo modo se desprende una de estas dos conclusiones: o bien que

---

[1] Jean-Lamore señala que se trataba de: "Un relato de 25 páginas dividido en dos partes [...] en la primera, la protagonista –que recuerda a la Gitanilla de Cervantes– entra en la casa de una familia rica, donde las muchachas la presentan a sus padres. Luego Cecilia regresa a su humilde casita, donde la abuela le cuenta la historia de una niña andariega que se fue a pasear con un joven seductor, desapareciendo la niña para siempre, pues el joven era el mismo diablo en persona. En la segunda parte, Cecilia es seducida por el hermano de las muchachas de la casa rica; éste la viste con sedas y ella se deja seducir por el oro. Termina el breve cuento con la desaparición de Cecilia, lo que causa la muerte de la infeliz Chepa, su abuela" (1992: 14-15).

[2] William Luis (1984) ha estudiado las diferentes versiones del texto.

Anderson Imbert leyó apresuradamente y muy mal la novela, o bien que su desconocimiento de la historia de Cuba le vedó la posibilidad de entenderla (1975: 20).

Por su parte, Richard Jackson en *The Black Image in Latin American Literature* señala que:

> One of the most original features of *Cecilia Valdés* is the novel's concentration on portraying the psychology of the mulatto. Well known also is the elaborate description of Cuban customs of the time, which the author faithfully recorded. The novel should be lauded also for its fascinating study of race relations and of the ethnic composition of the different races in Cuba (1976: 28).

A estas interpretaciones hay que añadir otras más recientes basadas en lecturas feministas, comparatistas y lingüísticas[3].

Por otro lado, hay que añadir que *Cecilia Valdés* se auto-erige, desde sus primeras páginas, como una novela que contiene las diferencias raciales en la dicotomía blanco/negro. Sin embargo, aunque la obra procura construir claros y ordenados parámetros de lectura a partir de esta oposición, el idiosincrásico uso del lenguaje por parte de Villaverde deviene en lo que llamaré aquí "mulataje" lingüístico. Es precisamente en ese espacio híbrido donde se da inicio al quiebre de ese gesto reificador tan característico de las novelas nacionales; donde se ponen en evidencia las fisuras en la articulación de los espacios raciales.

Esos quiebres son el germen de las tensiones que se producen entre la raza blanca y la negra, a partir del lenguaje y de la ruptura de los propios límites semánticos que pretenden contenerlas. Es de ello que se ocupa este capítulo en el que se muestran varias instancias narrativas en las que comienza a deshacerse el engranaje lingüístico de la diferencia, pues aunque el lenguaje en *Cecilia Valdés* pretende reforzar la división entre lo blanco y lo negro, tan sólo consigue desdibujar los espacios de pertenencia racial que el narrador traza en la parte inicial de la novela[4].

---

[3] Véase Lorna V. Williams (1993); Vera M. Kutzinski, "Imperfect Bodies" (1993: 17-42); Jackeline Kaye (1981); Ottmar Ette (1986); Jorge Olivares (1994); Doris Sommer (1993); Juan Gelpí (1991).

[4] Al hablar de diferencia aludo a la construcción político-cultural de la representación racial. Como expresa Stuart Hall (1992: 257): "Difference, like representation, is also a slippery, and therefore, contested concept. There is the 'difference' which makes a radical and unbridgeable separation: and there is a 'difference' which is positional, conditional and conjunctural, closer to Derrida's notion of *différance*, though if we are concerned to maintain a politics it cannot be defined exclusively in terms of an infinite sliding of the signifier".

• La racialización de una línea divisoria

El capítulo sexto, de la primera parte de *Cecilia Valdés,* se inicia con la escena de un baile en el que:

> [...] podía observar cualquiera que, al menos entre los hombres de color y los blancos, se hallaba establecida una línea divisoria que, tácitamente, y al parecer sin esfuerzo, respetaban de una y otra parte (42)[5].

La separación a que alude el narrador refiere a los espacios de pertenencia que trazan blancos y negros en el baile de cuna, celebrado durante las ferias, y en el que "tenían entrada franca los individuos de ambos sexos de la clase de color, sin que se le negase tampoco a los jóvenes blancos que solían honrarlos con su presencia" (31). Con esa división se propone un horizonte de lectura que puede ser entendido a través de la racialización; concepto que según Satya Mohanty:

> Does not merely divide and separate; it also involves a dynamic process through which social groups can be bound, defined, and shaped. This process not only creates stereotypes of the colonized as "other" and as inferior; by a continuous logic, it may be suggested that the colonizer too develops a cultural identity that survives well past the formal context of colonial rule. Racialization involves not just the denigration of "black", then, but also in crucial ways a less obvious definition of "white"; racialization narrates ideas, ideologies, and interests (1991: 314)[6].

Al narrador de *Cecilia Valdés* le interesa dejar claro que en esta novela negros y blancos están "juntos, pero no revueltos". La creación de esa frontera racial modela las convenciones y normas culturales que enmarcan el relato. Para que no queden dudas sobre su proyecto narrativo, el narrador concreta la abstracción de su línea divisoria al señalar que los blancos en "parte por guardar en lo posible la línea de separación [...] establecieron la danza en el comedor, no obstante la estrechez y desaseo de la pieza" (45). Así marca la separación entre sala ("los hombres de color") y comedor ("los

---

[5] La paginación de mis citas proviene de la edición de Iván Schulman (1981). Schulman se basa, a su vez, en la edición que preparó Esteban Rodríguez Herrera en 1953 (*Cecilia Valdés o La Loma del Ángel: novela de costumbres cubanas,* La Habana: Lex) preparada ésta según la edición de 1882 publicada por Cirilo Villaverde en Nueva York.

[6] El término "racialización" lo toma Mohanty de Omi y Winant (1986: 64-66).

blancos"). No se conforma con decir que esa división existe: tiene que mostrarla[7].

Ahora bien, entender ese trazo a la luz de la racialización, problematiza lo que parece ser una clara separación entre "los hombres de color" y "los blancos". El dinamismo que genera esa división imposibilita su distanciamiento, proponiendo una redefinición racial. Al hablar de dinamismo aludo a cómo ese límite diferenciador se reviste de significaciones que apuntan al descontrol, a la confusión; al caos del propio lenguaje narrativo con el que se pretendía edificar las diferenciales raciales. Esto merece aclaración y para ello recurro a Peter Stallybrass y Allon White (1986) que discuten en cómo el espacio discursivo nunca es ajeno al espacio social. La esfera social en la escena del baile corre paralela a la esfera lingüística que traza el narrador y en la que postula la separación racial. *Cecilia Valdés* utiliza letras cursivas para establecer diferencias sociales en el habla de los personajes y modular espacios de pertenencia como los del comedor y la sala. Sin embargo, el lenguaje del que se vale Villaverde para situar a sus personajes dentro de un orden colonial determinado –criollo/negro colonizado o criollo/español colonizador–, no respeta ninguna norma. Al principio se formula un criterio ordenador con las palabras negras y blancas, pero luego éstas comienzan a confundirse entre sí dando paso a la racialización que impide el establecimiento de la pureza lingüística-racial de los personajes, y que devela la posicionalidad ambivalente del narrador junto al no tan claro pigmento de su escritura, pues la racialización supone no sólo la denigración de lo negro, sino también de manera crucial una menos obvia definición de lo blanco, la racialización narra ideas, ideologías e intereses (Mohanty 1991: 314).

• Las inconsistentes intervenciones del narrador

Cuando Leonardo Gamboa le pide al calesero Aponte que, al finalizar el baile de cuna, lleve a Cecilia y a su amiga Nemesia a la casa, Aponte se dirige al lugar de la fiesta y le dice "a un desconocido que entonces entraba":

---

[7] En la novela se menciona que: "Acabada la danza, se inundó de nuevo **la sala** y comenzaron a formarse los grupos en torno a la mujer preferida por bella, por amable o por coqueta. Pero en medio de la aparente confusión que reinaba en aquella casa, podía observar cualquiera que, al menos entre los hombres de color y los blancos, se hallaba establecida una línea divisoria que, tácitamente, y al parecer sin esfuerzo, respetaban de una y otra parte [...] Además de eso, los blancos no abandonaron **el comedor** y aposento principal [...]" (42). El subrayado es mío.

–¿Me hace el favor de decirle a la niña Cecilia que aquí está el quitrín?

De inmediato el narrador explica que:

> A pesar del aditamento de *niña* de que hizo uso el calesero hablando de Cecilia, que sólo se aplica en Cuba a las jóvenes de la clase blanca, el desconocido pasó el recado sin equivocación ni duda. Y ella incontinente se levantó de la mesa y fue a coger su *manta*, seguida de Nemesia [...] (48-49).

Aponte utiliza la palabra "niña", pero al narrador le urge señalar que ese vocablo no corresponde al color racial ni del calesero ni de Cecilia. Sin embargo, llama la atención que a esa palabra no se la destaque en letras cursivas cuando aparece en boca de Aponte y sí cuando aparece en boca del narrador. En el primer caso pasa como propia del mulato, pues no se la resalta de forma alguna; la repentina explicación del narrador permite entender que su uso no es natural en alguien de su raza. Es así como se establece la distinción entre palabra y hablante[8].

Lo mismo ocurre cuando Carmen y Adela Gamboa van de compras al pueblo. El narrador menciona que su madre, doña Rosa Gamboa, "dispuso que las *niñas*, según se expresó, pasaran al camarín a recoger sus mantas de seda" (141). Aquí al vocablo "niña" se lo destaca contrario a lo que ocurre después cuando los esclavos utilizan esta palabra para agradar a la mulata María de Regla. Éstos "cuando querían decirle algo que la complaciera mucho, la llamaban allá entre ellos: Niña Adela" (176). Otro ejemplo de "niña" lo encontramos cuando el mayoral de Isabel Illincheta le informa sobre la recolecta del café:

> –Niña –le dijo–, aquí está la cuenta de *lo barrí llenao hoy* [...] La cuenta de que hablaba se reducía a dos o tres varas cortas de un arbusto del campo, con muchos cortes o muescas de través [...] para indicar el número de barriles de café [...]
> Con pasar Isabel las yemas de los dedos por las muescas de las tarjas, conoció que no había sido abundante la recolección, y así se lo dijo al esclavo.
> –Niña –se apresuró él a explicar en su guirigay especial la causa de la deficiencia–. *Niña, la safra va de vencía* no queda café *maúro* en la mata [...] (237).

---

[8] Las palabras a las que me refiero se encuentran también en cursivas en la edición de Jean Lamore de 1992 (*Cecilia Valdés o la loma del ángel*, Madrid: Ediciones Cátedra) que, al igual que la de Iván Schulman, también se basa en la preparada por Esteban Rodríguez Herrera.

Obsérvese que el confuso manejo de las cursivas subvierte notablemente la separación que habíamos visto con el *"niña"* (en bastardillas) del narrador y de doña Rosa. En este ejemplo, el vocablo lo utiliza un personaje "negro como un trinquete" (237). Aquella falta de cursivas que encontramos en el "niña" de Aponte, para referirse a Cecilia, la descubrimos ahora en el contramayoral al dirigirse a Isabel Illincheta, un personaje blanco. Por cierto, que en este mismo pasaje narrativo, Isabel le pregunta si será capaz de recordar todas las instrucciones que ella le ha dado, a lo que él le responde:

–Mi ricorde, niña –dijo el Contramayoral afectado; añadiendo a la carrera: *Le pobre negre va a tené una Pacua mu maguá.*
–¿Por qué? –preguntó Isabel con exagerada sorpresa–. Le diré a papá que les deje tocar el tambor en los dos días de Pascuas y el día de Reyes.
–Ma como la niña no etá dilante, le negre no se diviete.
–¡Qué bobería! Nada, a bailar, a divertirse para que esté contenta la niña cuando vuelva del paseo. ¡Eh! Nada más, Pedro (239).

Nótese que el *"niña"* del contramayoral aparece, esta vez, en bastardillas mientras que el "niña" de Isabel se equipara con el de Aponte por estar ambos faltos de cursivas. El uso de las bastardillas pasa de un contexto racial a otro sin que quede claro el "criterio blanco" que le adjudicó el narrador a "niña", con aquello de que "sólo se aplica en Cuba a las jóvenes de la clase blanca". De hecho, lo mismo ocurre cuando una expresión "de color" se infiltra en el lenguaje de un blanco. En la escena a la que me refiero, Leonardo le reclama a Nemesia la situación que creó entre Cecilia y él. Nemesia se encargó de que Cecilia descubriera el compromiso de Leonardo con Isabel para provocar celos entre ellos. Entonces, cuando el joven Gamboa la ve, le dice:

–Como que te me querías escapar de rengue liso, –dijo Leonardo haciendo uso del lenguaje de la gente de color.
–No es mi natural el escaparme de rengue liso ni labrado, y menos de las personas de mi estimación (212-213).

Una vez más el narrador se entromete para aclarar, en este caso, el lugar de pertenencia del vocablo "rengue liso"; sólo que ahora las letras cursivas se encuentran del todo ausentes.

Pero regresemos al pedido que le hace Leonardo Gamboa al calesero Aponte: el de recoger, después del baile, a Cecilia y a su amiga, Nemesia. Es importante recordar que cuando Aponte las lleva en su carruaje, siente que alguien se monta en la parte posterior del vehículo. Se trata del músico

Pimienta que, según lo señala el texto, les iba "guardando las espaldas" a las dos jóvenes mulatas. El calesero para y protesta, explicándole que él no consiente que nadie monte detrás de su quitrín porque "se echa a perder, camará". De inmediato, se precisa que el calesero utilizó "camará", "notando que se las había con un mulato como él" (49). Por consiguiente, esta locución acerca a estos personajes por ser de la misma raza; es una voz de identificación horizontal que los hace reconocerse mutuamente.

Por otra parte, al manejo de "niña" y "camará", vocablos con los que se intenta reforzar la línea de separación racial, se suma un tercero acompañado de una nota a pie de página. Me refiero a "manta". Cecilia declara que "en verbo de mulato sólo quería las *mantas* de seda,* de negro sólo los ojos y el cabello" (41). El asterisco remite a la nota que incluye Esteban Rodríguez Herrera en su edición de la novela y se lee como sigue:

> *Las mantas* de burato (pañolón grande de seda) era la moda general en la época a que se alude en la novela y las mulatas la usaban de color carmelita o pardo (41).

La palabra "manta" deshace las oposiciones blanco/negro-mulato trazadas con "niña" y "camará", aunque no debemos perder de vista el manejo caótico que se hace del vocablo "niña". A lo que debemos añadir la descripción de doña Rosa Gamboa como "una señora algo gruesa, hermosa, de amabilísimo aspecto [...] vestida de holán clarín blanco, y abrigada con una manta de burato color canario" (53) y el pasaje en el que las hermanas Gamboa, antes de salir de compras, "fueron en busca [...] de sus características *mantas*" (89). Esta alocución aparece en bastardillas en contextos raciales opuestos entre sí pues, además de encontrársela en la declaración de Cecilia, se la observa cuando su amiga incita la curiosidad de la "Virgencita de bronce", con el propósito de que vea a Leonardo con Isabel. Nemesia, ante la negativa de Cecilia a acompañarla, por no estar "vestida ni peinada", le dice:

> –No le hace. En un momento te pones el túnico, te alisas el pelo, te echas la manta por la cabeza y *naide* te conoce. Yo te ayudaré (193).

Lo mismo ocurre cuando se describe a un grupo de personas "compuesto por una negra [...] la cual tenía la cabeza doblada sobre el pecho y cubierta con una *manta* de algodón" (159). A lo que debemos añadir el momento en el que la abuela de Cecilia le dice: "Bien, niña, échame una manta por encima" (347). Entonces, la palabra "manta" se suma al sabotaje de la línea divisoria con la que abre el texto de Villaverde.

Otro vocablo que crea más confusión en el uso de las cursivas es "brava/o". Veamos, por ejemplo, cuando Leonardo le recrimina a Nemesia que le está "haciendo la guerra" con Cecilia:

–Sí, sí me la haces. Lo veo, lo conozco. Cecilia está brava conmigo por ti (213).

Esto también se observa cuando Adela se dirige a María de Regla para preguntarle por qué no la visita con más frecuencia:

–[...] Si soy tu hija, si me quieres tanto ¿por qué no has venido a verme? Me tienes muy brava (274).

Igualmente en la escena en que *seña* Chepa le pide a Nemesia que le dé su opinión respecto a las atenciones del "protector" de Cecilia (Cándido Gamboa). Ésta le responde:

–Yo, en verdad –contestó Nemesia [...] no sé qué decir, ni me atrevo a dar una opinión franca [...] yo que Cecilia me reía de todo eso en vez de ponerme *brava* (131).

Otro ejemplo lo encontramos cuando Cecilia le explica a Nemesia las razones por las que su abuela no quería que fueran al baile:

–Chepilla no se puso *brava* por nada de eso, mujer [...] No quería que viniésemos porque la noche estaba muy mala para baile (44).

En lo anterior, tenemos un "brava" en el habla de Leonardo y de Adela, personajes blancos y otro *"brava"* en boca de las mulatas Cecilia y Nemesia. Pero esto se complica cuando aparece el mayoral de don Cándido Gamboa para referirle que tuvo que detener el castigo a un negro, porque pensó:

–[...] que se iba a poner brava la señora doña Rosa en cuanto supiera que habían *castigao* al taita Caimán (271-272).

También cuando Pimienta reacciona ante el repudio que le tiene el sastre Uribe a los blancos con un:

–¡Qué ley tan brava, *señó* Uribe! –no pudo menos de exclamar por lo bajo el oficial, sorprendido más bien que alarmado de que abrigara principios tan severos (106).

y cuando don Cándido Gamboa le ordena a un criado que despierte a Leonardo y el esclavo le responde:

–Señor [...] el niño se pone bravo cuando lo *dispiertan* y... (52).

Entonces, ahora son los negros/mulatos los que hablan sin bastardillas, a lo cual vamos a sumar el *"bravo"* de Leonardo cuando le pregunta a su madre:

–¿Y qué tiene? (indicando a su padre). ¿Está *bravo*? (86).

Como se ha visto, los ejemplos anteriores apuntan a las inconsistentes intervenciones de la voz narrativa que arbitrariamente acentúa y desacentúa palabras; irregularidades en las que los hablantes no siempre determinan la categoría racial *per se* de ninguna de esas voces bordadas al relieve en *Cecilia Valdés*.

• **La lógica clasificatoria**

Con las palabras "niña", "manta", "bravo/a" y con la expresión "rengue liso", el narrador ordena el lenguaje de blancos y negros/mulatos, en un gesto que va más allá del afán realista por dar cuenta de los distintos tipos de habla en la Cuba decimonónica. En los ejemplos anteriores, las letras cursivas establecen relaciones de pertenencia entre hablante y lenguaje. Sin embargo, las cursivas no siempre establecen diferencias raciales y es, entonces, cuando interviene la voz narrativa para aclarar que se trata "del lenguaje de la gente de color".

Valga aclarar aquí que las cursivas que analizo no son portadoras de normas gramaticales que establecen diferencias entre escritura/oralidad o corrección/incorrección, sino de límites interraciales. Por supuesto, la oposición entre lo escrito/lo correcto y lo oral/lo incorrecto marca diferencias raciales, y esto también está presente en el texto[9]. Sin embargo, mi acercamiento a las cursivas está basado en la línea separadora que menciona el

---

[9] Juan Gelpí (1991) declara que "hay en la novela dos órdenes del lenguaje que están claramente delimitados: por un lado se encuentra la escritura, correcta, propia y 'culta' del narrador y, por el otro, la oralidad 'incorrecta', 'inculta', 'bárbara' o 'salvaje' de otros personajes que presenta y caracteriza esa voz narrativa, en particular los personajes negros y mulatos".

narrador al inicio de la novela y que procura construir espacios raciales, como el de la sala y el del comedor, por medio de palabras, en ocasiones, arrastran consigo explicaciones o comentarios, pero que luego aparecen sin que se ofrezca ninguna aclaración. El oscilar de esos vocablos borra los límites y deja un rastro caótico, difícil de seguir por no saberse exactamente qué espacio racial marcan.

En cuanto a las cursivas "convencionales", también presentes en el texto, éstas acentúan semas extranjeros, populares o incorrectos. La novela ejemplifica este uso cuando subraya palabras como: *Verbi gratia* (131), *entodavía* (192), *querindangos* (210), *naiden* (213), *señá* (228), *sui generis* (330). Pero las cursivas "grifas" a las que me refiero problematizan la separación racial que traza el narrador al inicio de la novela. Las palabras que la exhiben no siempre siguen un patrón, ni en su manejo ni en los comentarios racistas que las acompañan. Esas cursivas están embadurnadas de un color que, aunque marca su relación con el hablante, se destiñe y mancha las categorías étnicas que Cirilo Villaverde se empeña en organizar a lo largo y ancho de su *Cecilia Valdés*.

- **El horror a la mezcla racial**

Desde el comienzo de *Cecilia Valdés* se inicia un proceso de inclusión/ exclusión que traza la identidad racial de los personajes y construye la autoridad de la voz narrativa. La palabra "niña", por ejemplo, excluye a Cecilia y al calesero Aponte, por ser un vocablo de blancos, pero incluye al narrador quien se declara conocedor de su connotación racial al explicar que se utilizaba en Cuba para dirigirse a las jóvenes de clase blanca. Lo mismo ocurre con "camará", que incluye a Pimienta y al calesero, pero excluye al narrador, y con la expresión "rengue liso" que no le pertenecía a Leonardo por ser blanco.

Asimismo, las "transparentes" explicaciones del narrador se tornan borrosas cuando desfilan palabras como "manta" y "brava/o". El descontrol se evidencia cuando la "canela" –apetecible alusión al deseo sexual de un blanco hacia una mulata– comienza a desparramarse por todos lados y ya no es posible encerrarla en itálicas.

Zygmunt Bauman declara que "el horror a mezclar refleja la obsesión por separar" (1991: 14). En la novela, el narrador hace constar su horror ante la mezcla racial al polarizar lo blanco y lo negro. Su obsesión la demuestra en el esbozo de la línea divisoria, los comentarios que adhiere a ciertos vocablos y las descripciones físicas de los personajes. Con respecto a esto último, al referirse a Pimienta y al sastre Uribe declara que al nacimiento de ambos "concurrieron, sin duda, por igual las razas blanca y negra" (104). Al describir a Cecilia señala que:

> [...] a un ojo conocedor no podía esconderse que sus labios rojos tenían un borde o filete oscuro, y que la iluminación del rostro terminaba en una especie de penumbra hacia el nacimiento del cabello. Su sangre no era pura y bien podía asegurarse que [...] estaba mezclada con la etiope (17).

Cuando le toca hablar de Leonardo dice: "distinguíase entre los jóvenes dichos antes (los blancos), así por su varonil belleza de rostro y formas" (32). De hecho, a su propia categoría racial remite al poner entre cursivas la palabra "niña" para separarla del calesero Aponte y declarar, así, su "pureza" de sangre.

La obsesión de la voz narrativa por distinguir entre razas es sospechosa. No cabe duda que la pureza racial se ve amenazada por la hibridez y es por eso que recurre a la clasificación y a la idea de una línea divisoria para crear una identidad racial ordenada y estable. Su lucha por segmentar espacios étnicos filtra su temor a la confusión y revela la existencia de categorías alternativas que retan su esquema dicotómico. Contra ellas contiene al emitir juicios sobre los lugares de pertenencia lingüístico-racial de los personajes, a pesar de que lo mulato atenta contra el orden étnico que instaura al inicio de *Cecilia Valdés*. Aunque es el color de la protagonista principal, la mezcla es condenada en el texto por generar caos y desgracia. Para demostrarlo bastaría volver sobre el final de la novela donde el mulato Pimienta, "con hosco semblante y tono de voz terrible" (402), asesina al joven blanco Leonardo. También valdría la pena recordar el confuso parecido entre Adela y Cecilia a lo largo del texto. Esa similitud, al borrar la distancia entre ambas, las asemeja, como demuestra el asombro de su "madre de leche":

> La negra (María de Regla) se cruzó de brazos y se puso a contemplar a Cecilia faz a faz. De tiempo en tiempo murmuraba en tono bajo: –¡Vea Vd.! ¡La misma frente! ¡La misma nariz! ¡La misma boca! ¡Los mismos ojos! ¡Hasta el hoyito en la barba! Sí, su pelo, su cuerpo, su aire, su propio ángel! ¡Qué! ¡Su vivo retrato!
> –¿De quién? –preguntó Cecilia.
> –De mi niña Adela.
> –¿Y quién es esa niña?
> –Mi otra hija de leche, hermana de padre y madre del niño Leonardo.
> –¿Conque tanto me parezco a ella? Ya me lo habían dicho algunos amigos que la conocen de vista [...] (398).

La voz narrativa se protege de ese tercer espacio porque amenaza la integridad de su "yo". Como señala Gilman:

> Anxiety arises as much through any alteration of the sense of order (real or imagined) between the self and the other [...] the objects exist, we interact with them, they respond to (or ignore) our demands upon them. But when we relate to them we relate to them through the filter of our internalized representation of the world. This representation centers around our sense of control (Gilman 1991: 19-20).

En la novela lo mulato desarma la representación maniquea del narrador y se inscribe en un espacio intermedio que subvierte su norma clasificatoria. El intersticio de lo grifo redefine las relaciones de exclusión/inclusión, blanco/negro, yo/otro inscritas en el lenguaje. Esa subjetividad desplazada enfrenta el esencialismo del narrador, ejerce fuerza sobre su línea de circunvalación y cuestiona la estrategia individualizadora con la que traza su lugar de pertenencia racial[10].

Ese tercer espacio provoca la fisura desestabilizadora del código de relaciones con el exterior. Su lenguaje marca un "segmento de exigencia" que le impide establecer distinciones raciales y que desterritorializa su espacio de pertenencia: la escritura del narrador se contamina[11].

- **La letra grifa del narrador**

La Real Academia de la Lengua define grifo(a) así: "Dícese de la persona cuyo pelo ensortijado indica mezcla de las razas blanca y negra" (1992:

---

[10] Al hablar de estrategia aludo a la definición de Michel de Certeau: "I call a *strategy* the calculation (or manipulation) of power relationships that becomes possible as soon as a subject with will and power [...] can be isolated. It postulates a *place* that can be delimited as its own and serve as the base from which relations with an *exteriority* [...] can be managed [...] it is an effort to delimits one's own place in a world bewitched by the invisible powers of the Other" (1984: 36).

[11] Gilles Deleuze y Claire Parnet aluden a un trabajo de Scott Fitzgerald en el que habla de las distintas líneas que constituyen a un ser humano o a un grupo; la idea es aplicable a la noción de discurso. Fitzgerald menciona que: "There are lines of crack [...]. This time we might say that a plate cracks. But it is rather when everything is going well, or everything goes better on the other line, that the crack happens on this new line - secret, imperceptible, marking a threshold of lowered resistance, or the rise of exigency: you can no longer stand what you put up with before [...]" (1987: 126).

1.059). En *Cecilia Valdés* la letra ensortijada en cursivas revela el carácter híbrido del lenguaje narrativo. Aun la palabra "niña", que el narrador declara como blanca, tiene su "mandinga"; es decir, sus rasgos africanos. Su pureza racial es cuestionable, puesto que circula libremente entre los personajes negros-mulatos, aunque el narrador se empeñe en declarar que se aplica a las jóvenes "blancas". A ese vocablo, al igual que a Cecilia, hay que mirarlo dos veces para descubrir su "borde o filete obscuro".

Cuando Aponte le pide al desconocido que le diga a la niña Cecilia que el quitrín está listo, el narrador comenta que éste "pasó el recado sin equivocación ni duda" (88). La falta de vacilación en el desconocido pone en evidencia la exclusividad racial de "niña" y la autoridad del narrador al declarar que ésta "sólo se aplica en Cuba a las jóvenes de la clase blanca" (48). Cecilia es mulata, pero la reacción del personaje, junto al pedido del calesero, la sitúan en un entorno blanco. Ambos gestos le añaden un ribete negro a la exclusividad blanca de "niña". Son varias las instancias narrativas en las que ésta aparece en boca de negros y mulatos; por ejemplo, en la escena del baile, Pimienta no se dirige de otra forma a Cecilia Valdés cuando ésta lo recrimina por no haber tocado la contradanza compuesta en su honor:

-**Niña**, –contestó con solemne tono, aunque el caso no era para tanto–, José Dolores Pimienta siempre cumple su palabra.
–Lo cierto es que la contradanza prometida aún no se ha tocado.
–Se tocará, Virgencita, se tocará, porque es preciso que sepa que a su tiempo se maduran las uvas.
[…]
–¿Qué nombre le ha puesto? –preguntó Cecilia
–El que se merece por todos los estilos la **niña** a quien va dedicada: Caramelo vendo.
–¡Ah! Esa no soy yo por cierto –dijo la joven corrida
–¡Quién sabe, **niña**! […] (43).

Cuando "la vendedora de carnes, manteca y huevos, negra de África" (188) le pregunta a Josefa si quiere comprarle algo, su nieta, Cecilia, le acerca un plato para que ponga los "artículos pedidos" y la mujer le dice:

–*Labana etá perdía*, **niña**. *Toos son mataos y ladronisio* (189).

Mientras Leonardo castiga a Aponte, el calesero pidiendo misericordia le dice:

–Por la **niña** Adela, mi amo. Por Señorita (como llamaban los criados a doña Rosa Sandoval de Gamboa), mi amito (143).

Finalmente, en otra escena, en la que Adela le recrimina su ausencia a María de Regla, "la negra de buen aspecto, en traje muy diferente del que usaban las demás esclavas de la finca...", trata continuamente de "niña" a la joven Gamboa, tal como hace Pimienta con Cecilia:

>   –[...] Si soy tu hija, si me quieres tanto, ¿por qué no has venido a verme? [...]
>   Me tienes muy brava.
>   –¡Ay! –exclamo la negra–. No me diga eso, **niña**, que me mata... Su merced no iba sola.
>   [...]
>   –¡Qué! ¿Tú no piensas pedirle la bendición a mamá?
>   –Sí, **niña**. Debo, lo deseo en el alma, venía... Desde el punto que llegó Señorita de La Habana, pensé correr y echarme a sus pies...
>   –¿Por qué no lo has hecho así? ¿Quién te lo ha impedido?
>   –Señorita misma.
>   –¿Mamá? No, no puede ser. Te engañas, sueñas, María de Regla.
>   –Ni me engaño, ni sueño, **niña** Adelita [...] (274)[12].

El uso de este vocablo en múltiples contextos raciales, la indiferencia en la expresión "rengue liso", en donde la voz narrativa aclara que pertenece al "lenguaje de la gente de color" (212) es indicio del carácter grifo de las cursivas de la voz narrativa. Éstas postulan territorios raciales "puros", pero su uso ambivalente contradice la autonomía de esos espacios y mina la autoridad de la voz narrativa, a la vez que siembra la duda sobre su propia identidad racial que cree haber puesto a salvo al contener a la "diferencia" tras una línea divisoria.

El lenguaje ensortijado del narrador permite clasificar a *Cecilia Valdés* como un "texto con doble voz", concepto que alude a la manera en la que una obra literaria recoge la doble conciencia de un escritor minoritario. (Childers y Hentzi 1996: 89). La novela de Villaverde es un artefacto cultural binario, producto de la doble condición del narrador como colonizador y colonizado. En la obra esa voz narrativa se construye como poseedora de autoridad y conocimiento suficientes como para indicar que ciertas palabras son de blancos y otras de negros. Al señalar el lugar de pertenencia racial de ciertos vocablos, funciona como el típico colonizador que establece límites, clasifica y caracteriza como "diferente" al otro. Sin embargo, ese poder se torna sospechoso y ambivalente con el manejo desigual de las bastardillas.

---

[12] El subrayado es mío.

El zigzaguear pone en duda su rango como dominador y muestra su autoridad contradictoria. La falta de control sobre su escritura lo sitúa en el espacio del colonizado. De esta forma, la voz narrativa deambula en una zona cultural dual o "grifa" que demuestra su "conciencia doble"[13].

La "conciencia dual" apunta a la raja mulata y al conocimiento reflexivo de esa voz sobre la falta de pureza étnica en el lenguaje y en los personajes. Las categorías raciales que establece al inicio de la novela contienen el germen de lo híbrido que hace insostenible el criterio purista del narrador. Su lenguaje produce una especie de conciencia dividida más allá de consideraciones puristas de la etnicidad para ubicarse en un contexto de doblez cultural (Childers y Hentzi 1996: 88). Esa hendidura en el discurso produce personajes "gemelos" como Adela y Cecilia o Leonardo y Pimienta que tienen el mismo cuerpo. Frente a ellos, el trazo discriminatorio de la voz narrativa serpentea y confunde los límites de separación racial.

En su lucha por construir su autoridad y por sentar su lugar de pertenencia racial, el narrador crea un "texto con doble voz" que refracta su rango como colonizador/colonizado y una "conciencia doble" que pone en duda la integridad de su línea divisoria. Si, como declara Gilman, los textos revelan las rupturas que estaban supuestos a enmascarar, *Cecilia Valdés* es el texto de los desenmascaramientos[14]. La grieta hecha por el uso de las cursivas da a conocer la falta de autoridad y de pureza racial del narrador. Esa abertura devela una subjetividad dual entre la metrópoli y la mezcla racial. Su mediación frente a ambas realidades lo hace tambalearse en medio de las bastardillas tras las que enmascara la inferioridad y la superioridad que ambas realidades le suponen respectivamente.

• **"La gente de color" como amenaza**

En *Cecilia Valdés* los vocablos acanelados son sinécdoque de la mezcla racial en la colonia. Las palabras híbridas convierten a toda la novela en sín-

---

[13] El concepto de "texto con doble voz" (*double-voiced text*) lo utiliza Henry Louis Gates Jr. (1988). En cuanto a "conciencia dual" (*double consciousness*), lo utilizo tal y como lo propone Werner Sollors; un elemento teórico que le permite a un escritor "a playful relation to language and voice that help lead to the discovery of new forms [...] beyond pure considerations of ethnicity" (Childers y Hentzi 1996: 88).

[14] Sander L. Gilman declara: "texts work out [...] the struggle for order inherent in the construction of the fictive personality. And, therefore, they reveal quite spontaneously the gaps they have been created to mask" (1991: 6).

toma y muestran las fuerzas culturales y sociales que la atraviesan. Desde ellas el narrador testimonia la obsesión por la separación racial y la fobia al mestizaje en la sociedad cubana decimonónica.

La ansiedad de la voz narrativa por marcar la separación entre blancos y negros/mulatos delata el temor de la época hacia la "gente de color". Con esta denominación se procuraba la uniformidad y condensación de la raza negra como una totalidad en la que no se miraban sus propias diferencias de grupo. Es lo que Albert Memmi (1974) llama "el rasgo del plural" y Edward Said (1978) "generalización". Memmi señala que nunca se caracteriza al colonizado de una forma diferencial, sino sumergido en un anonimato colectivo (1974: 45). Por su parte, Said postula que manejar a un grupo de colonizados es manejarlos a todos pues, aun cuando las circunstancias individuales varíen, se los condensa dentro de una sola categoría o archivo de información compuesto por ideas y valores comunes que explican su conducta, proveyéndoles de una mentalidad, una genealogía y un ambiente (1978: 41-42). Con el apelativo "gente de color", el gobierno metropolitano creaba un marco dominante en el que congos, lucumís, carabalís y minas, entre tantos otros, conformaban la base de una misma familia racial.

La frialdad de este cálculo totalizador no tomaba en cuenta las diferencias internas en sus respectivos grupos. Este gesto simplificador de las subdivisiones quebraba su identidad y se desentendía de las particularidades culturales de cada grupo. Así el centralismo metropolitano diluía la multiplicidad racial negra, conteniéndola en un esencialismo que obnubilaba la evolución de nuevas subjetividades culturales en la Cuba decimonónica. Con esa "maniobra ideológica", España se intitulaba intérprete de la diversidad racial. Sin embargo, Villaverde desautoriza esa interpretación a través de las incoherentes itálicas, los comentarios y las notas a pie de página del narrador. Así se convierte en intérprete inconsciente de la realidad etnológica cubana; en expositor, a su pesar, de la simplificación de la realidad colonial.

Antes de continuar, valdría la pena pasar revista sobre la estratificación socio-racial de la Cuba decimonónica en donde la "gente de color" ocupaba el segundo lugar en la escala social, aunque algunos de sus miembros tuviesen antepasados blanqueados como resultado de las relaciones ilícitas entre los amos blancos y las esclavas negras. La primera posición la ocupaban las autoridades coloniales, a quienes seguían los blancos, sin importar su posición económica o atributos personales, puesto que prevalecía la idea de que un blanco pobre era más valioso que un negro rico (Paquete 1988: 118). Le seguían los negros y los mulatos libres; al final de la escala, los esclavos. Cabe destacar que los mulatos se desempeñaban en diversas ocupaciones a lo largo de la isla de Cuba, especialmente en los servicios urbanos que la gente blanca se negaba a hacer o para los que no contaban con suficientes manos. De este modo acapararon trabajos como los de chóferes, cocineros, lavanderos, músicos, sastres, abogados, médicos, entre otros. Es por ello que en la obra de Cirilo Villaverde el temor del narrador hacia los negros y mulatos se fundamenta en el poder que ese grupo social había alcanzado en Cuba. Como declara Louis A. Pérez Jr:

> Throughout the nineteenth century, the population of free blacks and mulattoes emerged as an increasingly important force for change by giving structure and substance to dissent and discontent. The very presence of a large free population of color, many of whom had attained positions of distinction, threatened to undermine the racial assumptions of the colonial social order (1988: 97).

Ya he indicado el interés del narrador por controlar y contener a la "gente de color", por hacer alarde de que la conoce y de que, por lo tanto, puede dominarla. Los comentarios con que adscribe los lugares de pertenencia racial de ciertos vocablos, lo revelan como un narrador que sitúa dentro de una categoría manejable a aquellos personajes que atentan contra el orden narrativo, de la misma forma que la gente libre de color amenazaba el orden social y cultural de la colonia. Tal como señala Deschamps Chapeaux, las clasificaciones internas en el grupo negro eran una forma de sujeción:

> Así como la población blanca se hallaba dividida entre peninsulares y criollos, la de color se dividía en africanos y criollos, esclavos y libres, con la subdivisión de pardos y morenos, alentada y mantenida por el régimen colonial, como táctica para una mejor dominación (1971: 17).

Para la voz narrativa, la mixtura genera caos y desarticula la jerarquía social. De ahí que la línea divisoria intente recrear el entendimiento entre razas que postulaba la metrópoli, tal como las cursivas intentan crear la idea de que todo está bajo control y que no hay por qué temerle a la "burguesía artesanal". El manejo confuso de la tipografía demuestra, al contrario, cuán vulnerable era esa línea de separación en la fragmentada sociedad colonial española en donde las relaciones entre la comunidad de la gente libre de color y el grupo blanco eran extremadamente complejas.

- **Las (co)incidencias en *Cecilia Valdés***

Ya la crítica literaria se ha encargado de notar la curiosa correspondencia entre las iniciales y la fecha de nacimiento de Cirilo Villaverde y Cecilia

Valdés. La fecha en que nace el autor y su personaje es doblemente importante por ser el año de la Conspiración de Aponte (Luis 1990: 110). En 1812, José Antonio Aponte, un negro libre que se ganaba la vida como carpintero, intentó junto a otra "gente de color" y a un grupo de haitianos liberar a los esclavos cubanos. Su plan consistía en "sublevar las milicias de color en La Habana, apoderándose de los cuarteles y armar a los negros libres y esclavos comprometidos" (Masó 1976: 145). En mayo de 1812 Aponte y sus compañeros fueron apresados y ahorcados en abril de 1813. La conspiración "dio motivo a los colonialistas, para levantar la bandera del peligro negro" (Deschamps Chapeaux 1971: 20). A partir de esa sublevación se registraron otras tantas que obligaron al gobierno colonial a emitir el 25 de enero de 1838 una Real Orden que

> disponía el arresto de todo individuo de color, libre, procedente de colonias extranjeras, a fin de evitar la introducción de agentes revolucionarios, propagadores de ideas emancipadoras, entre los esclavos y libertos de la isla (Deschamps Chapeaux 1971: 22).

En su estudio sobre la sociedad esclavista cubana en el siglo XIX, Franklin W. Knight alude a las memorias de Antonio de las Barras y Prado, un residente de La Habana, quien describía así el contacto entre razas:

> In no form of public spectacle can the colored people mix with the whites; it is forbidden even at dances. At the theatre, the circus and other forms of public entertainment the coloreds have their isolated section. Besides, they are allowed to hold their own public dances, where only their own colored folks are found. But there is no segregation in the churches, to show the whites that all are equal before God (Knight 1970: 99)[15].

Esta descripción debemos emparentarla con la "línea divisoria" villaverdiana en la escena del baile a la que hicimos referencia al inicio de este capítulo. Ambas presentan la separación racial y el lugar que ocupaban blancos y negros en las actividades públicas. Pero más allá de recrear la segregación étnica de la época, aquella escena del baile, al igual que la coincidencia en la fecha de nacimiento de Cirilo Villaverde y Cecilia Valdés, traspone el peligro que le suponía a los blancos la pequeña burguesía negra; el poder que iba alcanzando esta clase artesanal tras el aumento de sus miembros[16].

---

[15] Barras y Padro (1925: 112).
[16] Sobre la conspiración de la Escalera y la situación de la "gente de color"en la Cuba decimonónica véase Paquete (1988).

CAPÍTULO IV

- **El temor a lo negro y a lo mulato**

> What is socially pheripheral is so frequently symbolically central.
>
> Peter Stallybrass and Allon White (1986: 5).

Cirilo Villaverde indica en el prólogo que la acción de la novela cubre la época de 1812-1831. Sin embargo, William Luis (1990) demuestra que Villaverde inserta personajes históricos que no corresponden a ese marco temporal. Entre ellos destaca Francisco Uribe, sastre famoso entre 1833 y 1844, y cuya inserción en la trama rompe con la cronología narrativa. De acuerdo a Luis, la anacronía pudo haberse evitado, ya que existieron sastres notables durante la época que abarca la narración. Sin embargo, el autor optó por Uribe tal vez

> [...] for personal reasons; since Uribe worked for whites, Villaverde or his friends may have known him. Thus Villaverde brought a familiar figure into his narration.
> There were also political reasons for including Uribe in the novel. To those who knew him, his presence in the novel recalls his death. In 1844 Uribe was accused of participating in the Ladder Conspiracy and was sentenced to die (Luis 1990: 112).

Sin hacer a un lado las razones políticas que apuntan a la injusta represión que sufrieron los mulatos en 1844, a consecuencia de la Conspiración de la Escalera (1843), la inclusión de ese incidente en *Cecilia Valdés* remacha el recelo manifiesto del narrador hacia lo grifo. Su mención abre el marco temporal del relato para referir a la "época de oro" de la burguesía mulata. Al hacerlo, refuerza su temor a la mezcla étnica como desarticuladora del orden socio-cultural y de la relación cuadriculada entre los blancos y los negros/mulatos que procura trazar en la narración. Como sabemos, la conspiración fue un acto de exterminio de una burguesía de color que, además de ser mayoría en varias provincias cubanas, era libre, poseedora de bienes y cultura; una excusa para combatir la preocupación que Cuba se convirtiera en la segunda república negra del Caribe. El hecho de que para 1843 los esclavos comenzaran a quemar plantaciones y a matar mayorales con mayor frecuencia y que para 1844 el 60% de la población fuera de color, fue suficiente razón para aprovechar coyuntura y minar a la clase artesanal.

La supuesta conjura fue un mecanismo gubernamental para terminar con la burguesía de la "gente de color", pues no se imaginaba la movilización de esclavos sin la ayuda de hombres libres que los organizaran y dirigieran (Masó 1976: 196)[17]. Por ello, el gobierno de Leopoldo O'Donnell, que se encargó de escarmentar a negros y mulatos libres, alentaba tres metas: "proteger y perpetuar la seguridad de las clases beneficiarias del régimen esclavista, *aplastar a la naciente pequeña burguesía negra y a la naciente intelectualidad negra,* evitar toda posibilidad de resonancia de la causa antiesclavista en las masas populares de pigmentación blanca" (Deschamps Chapeaux 1971: 25)[18].

De ahí que nos llame la atención el que *Cecilia Valdés* haga un inventario de negros y mulatos famosos que sufrieron las consecuencias del racismo de la clase blanca criolla y peninsular. Me refiero a la escena de otro baile, uno "*de etiqueta o de corte*" (163) tal y como se lo refiere en el capítulo decimoséptimo de la segunda parte, al que asistió la protagonista mulata, y en el que todos los hombres le rendían pleitesía. Cuenta el narrador que entre los asistentes podía citar:

> [...] a Brindis, músico, elegante y bien criado; a Tondá, protegido del Capitán general Vives; negro joven, inteligente y bravo como un león; a Vargas y Dodge, ambos de Matanzas, barbero el uno, carpintero el otro, que fueron comprendidos en la supuesta conspiración de la gente de color en 1844 y fusilados en el paseo de Versalles de la misma ciudad; a José de la Concepción Valdés, alias *Plácido,* el poeta de más estro que ha visto Cuba, y que tuvo la misma desastrada suerte de los dos precedentes; a Tomás Vuelta y Flores, insigne violinista y compositor de notables contradanzas, el cual en dicho año pereció en la Escalera, tormento a que le sometieron sus jueces, para arrancarle la confesión de complicidad en un delito cuya existencia jamás se ha probado lo suficiente; al propio Francisco de Paula Uribe, sastre habilísimo, que por no correr la suerte del anterior, se quitó la vida con una navaja de barbear, en los momentos que le encerraban en uno de los calabozos de la ciudadela de la Cabaña; a Juan Francisco Manzano, tierno poeta que acababa de recibir la libertad, gracias a la filantropía de algunos literatos habaneros; a José Dolores Pimienta, sastre y diestro tocador de clarinete, tan agraciado de rostro como modesto y atildado en su persona (227).

Tanto para la sociedad cubana decimonónica como para la voz del narrador, negros y mulatos constituyen una amenaza a su hegemonía socio-cultural

---

[17] Franklin W. Knight señala que miles de gentes de color fueron asesinadas o expulsadas de la isla sin que hubiese evidencia de ningún acto subversivo: "The findings of the military commission produced the execution, confiscation of property, and expulsion from the island of a great many persons of color, but it did not find arms, munitions, documents, or any other incriminating object which proved that there was such conspiracy, much less on a vast scale" (1970: 95).

[18] El subrayado es mío.

y narrativa, respectivamente. Al pasar revista sobre la "gente de color" que sufrió las consecuencias de la Escalera, el narrador no se limita a inscribir unos cuantos nombres memorables en su relato, sino que con ello atiza su recelo hacia ese grupo étnico. La sospecha es mayor hacia los pardos o mulatos que le impiden fijar lo blanco y lo negro en territorialidades raciales puras. Es precisamente esa subjetividad mulata la que afecta el plan discursivo del narrador al alterar los lugares de pertenencia lingüística de palabras con las que marca diferencias raciales, pero que dan cuenta de la impureza del relato. Al nombrar a esa "gente de color" la fija en el imaginario nacional como protagonista de un momento execrable en la historia cubana, de "la salvajada sangrienta de O'Donnell, que barrió con toda la burguesía negra, intelectuales y representativos" (Franco 1977: 31); así reaviva el carácter perturbador de lo grifo.

A pesar de ello, habría que notar los comentarios laudatorios con que el narrador acompaña la presentación de mulatos y negros. Por ejemplo, al hablar de Brindis de Salas señala que es "músico elegante y bien criado", al negro Tonda lo destaca como "inteligente y bravo como un león", Plácido es "el poeta de más estro que ha visto Cuba" mientras que Uribe es un "sastre habilísimo", y el clarinetista Pimienta es "diestro". En sus recuerdos, la "gente de color" ocupa un lugar central en oposición al periférico que ocupan en el ámbito social. El prisma de la distancia los monumentaliza y recupera como objeto de nostalgia, deseo y fascinación (Stallybrass y White 1986: 191), demostrando cómo lo socialmente periférico es simbólicamente central.

Una vez más, lo híbrido es clave para el orden colonial representado y para el esquema narrativo delineado en *Cecilia Valdés*. Esa escena pone en evidencia la posición ideológica del narrador ante la diferencia. No cabe duda que la reveladora meticulosidad descriptiva de sus miembros lo delata anclado en la territorialidad mulata. Más aún, la porosidad de la galería de mulatos notables resume el conflicto que adjudica Sander L. Gilman a los artistas creativos: ese debatirse entre el orden simbólico establecido y el deseo de reformarlo o destruirlo que se refleja en la compleja y a veces autocontradictoria forma de sus creaciones artísticas (1991: 19). En Villaverde, esa tensión se entrevé en la discursividad de la diferencia racial que postulan sus variables cursivas, una diferencia híbrida que cuestiona las bases del gesto reificador de su línea divisoria.

- **Del temor a la desubicación: el lugar de pertenencia de *Cecilia Valdés***

En *The Formal Method in Literary Scholarship: A Critical Introduction to Sociological Poetics*, Mikhail M. Bakhtin y P. M. Medvedev declaran:

"every significant genre is a complex system of means and methods for the conscious control and finalization of reality; *the artist must learn to see reality with the eyes of the genre*" (Makaryk 1993: 536). Por su parte, Julio Ramos (1993) discute la jerarquía social que instaura una novela. De la narrativa antiesclavista comenta que el género le suplía a la colectividad un orden social jerarquizado; es decir, no se concretaba a presentar de forma imparcial la heterogeneidad lingüística, sino que la sopesaba y organizaba dentro de la ficción narrativa. De igual modo, señala que aun cuando procura mostrar el orden que el autor inflige sobre la variedad lingüística, tan solo consigue:

> [...] demostrar cómo la *hibridez* constitutiva de la novela, su lógica de permanentes desplazamientos y equívocos (tematizada con notable ansiedad, en el texto clave de Villaverde en la figura misma de la *mulata* Cecilia, "vagabunda" y "peregrina") deshace la posibilidad de la jerarquización, minando, sobre todo, cualquier categoría de pureza. Antesala de la ley, la ficción configuraba para el proyecto fundador un suplemento tan necesario como peligroso, porque insistentemente le abría espacio –a pesar del propio discurso autorial, fundacional– a restos improcesables por las redes de la simbolización (1993: 34).

Ver la realidad a través de los ojos de *Cecilia Valdés* es descubrir el desajuste de las jerarquías raciales que con tanto ahínco construye el narrador. En el texto de Villaverde, el afuera se confunde en una amalgama de colores que destiñe la línea separadora entre lo blanco y lo negro. Sin embargo, la obsesión reguladora de la narración devela la ansiedad del texto por situarse en una parcela discursiva no ambigua. Con la creación de un orden cultural anclado en la pureza racial, la ficción busca –como el narrador– validar su discurso. En su narración, Villaverde mantiene la creencia acomodaticia de la armonía entre razas, idea que beneficia la recepción del texto[19]. De este modo, las dicotomías son portadoras de la posición del hablante y del horizonte de valores del receptor, que son elementos claves en la articulación

---

[19] Franklin W. Knight señala que: "in the segmented Spanish colonial society, with its ingrained inequality, the relations between the free colored community and the white upper group were extremely delicate. Before the nineteenth century, there had been evidence of a felicitous affiliation between the two uppermost sectors. And the slave code of 1789 even stipulated some political and social provisions for the intermediate group. This evidence of juridical benevolent paternalism has misled many authors into the belief that the relationship between the white and free colored people was a model of open social acceptance on both sides. Nothing could be further from the truth" (1970: 95).

del espacio textual. Como declara Richard L. Jackson, en la sociedad esclavista cubana

> [...] racial purity and skin color were just as important as independence from Spain itself. For this reason the very careful attention Villaverde gives to racial appearances is a reflection of a universal desire to avoid being wrongly placed at the black or African end of the color spectrum (1976: 29).

Lejos de toda duda, *Cecilia Valdés* sufre del temor a la desubicación y es por esta razón que trata de afirmar su lugar de pertenencia al mostrar el espacio en el que se producen las relaciones socio-culturales. Tras el uso constante de las cursivas y las intromisiones del narrador en el uso de vocablos cargados étnicamente, el texto de Villaverde aclara las operaciones que producen el espacio del "otro" negro, bárbaro e impuro frente al espacio blanco, civilizado y puro. Las cursivas y los comentarios del narrador permiten la representación del otro, a la vez que acreditan al texto como testigo de esa otredad.

Cecilia Valdés construye su diferencia en el desequilibrio de los ejes raciales que caracterizan al orden colonial maniqueo[20]. Como texto narrativo impuro en que transita "la hibridez constitutiva de la novela", de la que habla Julio Ramos, la obra se vale de las confusas cursivas para oponerse a la separación racial que implanta el sistema colonial. De este modo, lo desestabiliza con su incorporación de lo mulato. Desde su aparente descontrol, la obra de Villaverde lucha consigo misma en la restructuración del espacio cultural, a la vez que busca ubicarse dentro del horizonte de expectativas del lector decimonónico. Aun cuando hay conciencia del predominio de lo mulato en la sociedad cubana, esa reorganización no implica su libre aceptación. Esto se observa en la obra donde personajes grifos como Francisco Uribe, Pimienta, María de Regla y Cecilia Valdés ocupan papeles seminales dentro del argumento narrativo aunque el racismo habite la mirada del narrador al describirlos.

De esta forma la novela de Villaverde, desde la ambigüedad de su discurso racial, desestabiliza la rígida estructura colonial que representa la línea divisoria con que abre *Cecilia Valdés*. El deseo/rechazo por lo híbrido sitúa a

---

[20] Abdul R. JanMohamed indica que: "the colonial mentality is dominated by a manichean allegory of white and black, good and evil, salvation and damnation, civilization and savagery, superiority and inferiority, intelligence and emotion, self and other, subject and object" (1983: 4).

la ficción en un terreno desfasado entre la rebeldía y la sumisión al sistema colonialista. Lo híbrido atenta contra los límites del poder colonial que instaura la separación entre blancos/negros, pero el temor a la mezcla racial y al quiebre de esos límites, mantiene la narración dentro del marco ideológico de la metrópoli. El deseo del narrador por conocer plenamente al "otro" choca contra la admiración/aversión que le causa conjuntamente esa otredad. En este sentido, vale la pena recordar cuánto retarda la voz narrativa el adjudicarle un nombre propio a la protagonista mulata. Antes de presentarla como Cecilia Valdés la llama "la *Virgencita de bronce*" (35) y "la joven de la pluma blanca" (39). Su regodeo en el nombrar siembra la duda en la relación que establece esa voz con Cecilia. Tal como indica Kimberly W. Betson, nombrar es el medio por el que la mente toma posesión de lo nombrado, pero también "as the site of an empowering self-definition, a means by which to revise one's own identity and reject imposed descriptions of the self" (Childers y Hentzi 1996: 199). El narrador dilata el enfrentamiento consigo mismo al retardar la posesión del personaje mulato, puesto que esa nominación lo obliga a pasar revista sobre su propia identidad anclada en la incertidumbre racial que atribuye a Cecilia. De su gesto calificativo llama la atención que sea el único que desconoce la identidad real de la protagonista, puesto que el resto de los personajes saben de quien se trata:

> Volvíanse las mujeres todo ojos para verla, los hombres le abrían paso, le decían alguna lisonja o chocarrería, y en un instante el rumor sordo de la *Virgencita de bronce,* la *Virgencita de bronce,* recorrió de un extremo a otro la casa del baile (35).

Y como se indica más adelante:

> [...] Uno de tantos presentes se arrestó a invitar a la joven de la pluma blanca, como si dijéramos, a la musa de aquella fiesta, y ella, sin hacerse de rogar ni poner ningún reparo aceptó de plano la invitación. Cuando pasaba del aposento a la sala, para ocupar su puesto en las filas de la danza, se le escapó a una de las mujeres la siguiente audible exclamación:
> –¡Qué linda! Dios la guarde y la bendiga.
> –El mismo retrato de su madre, que santa gloria haya –agregó otra. (37)

Por cierto, que esta acción encuentra paralelos con lo que discute Doris Sommer cuando señala la ignorancia que le adjudica Villaverde al narrador:

> [...] consciente de su complicidad, o por lo menos de la de sus privilegiados compatriotas, Villaverde representa su defensa autodestructiva de no ver ni oír a

los negros en vías de liberarse. La representa con un gesto genial: el alarde de ignorancia del narrador blanco cuyos límites de información parecen ser constitutivos en una sociedad estratificada (1993: 243).

No obstante, con esa táctica Villaverde revisa su propia identidad al hacer coincidir las letras de su nombre con las de Cecilia; gesto que se suma a su búsqueda de un espacio donde establecer su intersubjetividad, aunque eso signifique no poder atestiguar su pureza racial.

- **La autoridad narrativa: entre lo pedagógico y lo performativo**

Hasta ahora mi acercamiento al ambivalente uso de las bastardillas demuestra los problemas que confronta el narrador al establecer diferencias étnicas. Sus irregularidades desenmascaran su amor-odio por "la canela" que socava el sistema de las relaciones interraciales. En esta sección me gustaría situar mi análisis dentro del contexto de la Cuba colonial. La construcción de un narrador que oscila a uno y otro lado de la línea divisoria es la estrategia que utiliza Villaverde para mediar entre el "problema" racial y la situación colonial. Dentro de la colonia, las dicotomías funcionan como ejercicio de poder y, a la vez, como su ocultamiento (Bauman 1991: 14). Con ellas se articula el inconsistente, y todavía en ciernes, discurso nacional que oscila en un movimiento narrativo dual entre lo pedagógico y lo performativo. Con estos dos conceptos de Bhabha (1994), inicio mi análisis de las inquietas cursivas villaverdianas en el contexto colonial.

Bhabha explica que en la narrativa pedagógica la gente es el *objeto* de un pasado histórico, mientras que en la performativa es el *sujeto* de un proceso evolutivo del presente. Ambos mecanismos de significación refieren, por un lado, a una "comunidad imaginada"[21] como culturalmente coherente y conocedora de un origen en común y, por otro, a una en continuo resurgir de nuevos sujetos nacionales. Bhabha también señala que:

---

[21] El término "comunidad imaginada" proviene de Benedict Anderson quien en *Imagined Communities: Reflections on the Origin and Spread of Nationalism* (London and New York: Verso, 1991) propone la siguiente definición de nación: "it is an imagined political community –and imagined as both inherently limited and sovereign. It is *imagined* because the members of even the smallest nation will never know most of their fellow-members, meet them, or even hear of them, yet in their minds of each lives the image of their communion" (1991: 5-6).

[...] in the production of the nation as narration there is a split between the continuist, accumulative temporality of the pedagogical, and the repetitious recursive strategy of the performative [...] The tension between the pedagogical and the performative [...] turns the reference to a 'people' –from whatever political or cultural position it is made– into a problem of knowledge that haunts the symbolic formation of modern social authority. The people are neither the beginning nor the end of the national narrative; they represent the cutting edge between the totalizing powers of the 'social' as homogeneous, consensual community, and the forces that signify the more specific address to contentious, unequal interests and identities within the population (1994: 145-146).

Cecilia Valdés se encuentra escindida entre la narrativa pedagógica de una nación idealmente separada en categorías étnicas homogéneas y entre la performativa que recoge las identidades desiguales de una comunidad racialmente híbrida. A pesar de ello, el contradictorio manejo de las cursivas sitúa la escritura de Villaverde dentro del campo ideológico de la representación performativa. Ella explica su búsqueda por establecer una identidad nacional propia no frente al "otro", sino frente a sí misma: "the problem is not simply the 'selfhood' of the nation as opposed to the otherness of other nations. We are confronted with the nation split within itself, articulating the heterogeneity of its population" (Bhabha 1994: 148).

La novela de Villaverde es un texto en pugna con un imaginario nacional obsesionado con la pureza racial. A pesar de insertar el principio del relato en las oposiciones que dicta el centralismo colonial, el texto se desvía a los márgenes en un desplazamiento transgresor que deshace el esquema de relaciones socio-raciales que recrea la ficción. En la novela, las dislocaciones en las cursivas es gesto transgresor del maniqueísmo colonial, que abre un espacio para pensar la diferencia, aunque sea a través de un prisma que entremezcle el miedo y el deseo del "otro". Mas allá de minar el binarismo colonial, esa violación se mueve dentro de un espacio negativo que rebasa la estructura misma de significación (Stallybrass y White 1986: 18). El andamiaje está anclado en esencialismos que definen la identidad colonial como blanca o negra. Sin embargo, las ambivalencias del narrador desestabilizan ese ensamblado al abrir un espacio para pensar en una subjetividad nacional particular. De esta forma, se aflojan las divisiones raciales con que el colonizador blanco criollo/peninsular contiene a la "diferencia" mulata. Como gesto performativo, el discordante manejo de las bastardillas se convierte en la estrategia que utiliza Villaverde para hacer de *Cecilia Valdés* una contra-narrativa que cuestiona el carácter esencialista de la ideología colonial.

Su estrategia desarticuladora opera desde las entrañas del discurso metropolitano que mimetiza las cursivas y con las que cuestiona la autoridad de ese poder. Desde la otredad de su escritura "marginal", Villaverde mina los cimientos de la hegemonía colonial amparada en alegorías maniqueas. A este propósito Michel de Certeau manifiesta que:

> The space of a tactic is the space of the other. Thus it must play on and with a terrain imposed on it and organized by the law of a foreign power. It does not have the means to *keep to itself*, at a distance, in a position of withdrawal, foresight, and self-collection; it is a maneuver "within the enemy's field of vision", as von Büllow put it, and within enemy territory [...] It operates in isolate actions, blow by blow [...] In short, a tactic is an art of the weak (1984: 37).

En *Cecilia Valdés*, Villaverde construye su autoridad al situar al narrador en ese espacio táctico que da al traste con el esencialismo colonial. La tensión discursiva que se crea a partir del roce entre lo pedagógico y lo performativo trastoca el binarismo de la hegemonía colonial. Esa ansiedad de la ficción colonialista le provee un lugar desde el que hablar "both of, and as, the minority, the exilic, the marginal and the emergent" (Bhabha 1994: 149).

- **La ambivalencia de las cursivas como suplemento**

> El suplemento es un adjunto, una instancia subalterna a la positividad de una presencia, no produce ningún relieve, su sitio está asegurado en la estructura por la marca de un vacío. En algún lugar algo no puede llenarse *consigo mismo*...
>
> Jacques Derrida (1986: 185).

Del manejo irregular de las cursivas emerge un discurso minoritario que cuestiona el gesto totalizador de la ideología metropolitana. Ese discurso desterritorializa la mirada bifocal del colonizador, su autoridad para crear oposiciones que solidifiquen la realidad colonial sin tomar en cuenta la diversidad cultural. La imposibilidad de significar lo blanco y lo negro a partir de categorías raciales absolutas, apunta a la necesidad de redefinir el lugar de enunciación de la identidad nacional. El oscilar de las bastardillas de un extremo a otro de la línea divisoria no sólo deshace los lugares de pertenencia racial sino que marca un "lugar que no puede llenarse *consigo mismo*", como postula Jacques Derrida (1986: 185). Al deshacer la relación jerárquica de las oposiciones binarias, ese suplemento crea un espacio narrativo para imaginar la identidad nacional cubana. Pero más que deshacer las categorías raciales con que abre la ficción villaverdiana, el vacío en el manejo tipográfico propone la redistribución del discurso étnico. Este gesto hace a un lado las categorías binarias que significan al poder español para dar con otras que estén de acuerdo con la particularidad cubana. Las inquietas cursivas son la pirueta estratégica que Villaverde utiliza para cancelar la aplicación de los esquemas metropolitanos al emergente discurso nacional. Lejos de anclar la ficción colonialista en el orden cognitivo de lo "imaginario", la desliza hacia lo "simbólico" ampliando el campo de significación cultural.

De acuerdo con Abdul R. JanMohamed, la literatura colonialista está dividida en la categoría de lo "imaginario" y de lo "simbólico". La primera se niega a admitir "the possibility of syncretism, of a rapprochement between self and Other" (1983: 73) mientras que la segunda:

> [...] realizes that syncretism is impossible within the power relation of colonial society [...] Hence becoming reflexive about its context, by confining itself to a rigorous examination of the "imaginary" mechanism of colonial mentality, this type of fiction manages to free itself from the manichean allegory (1983: 66).

Las contradicciones en el manejo de las cursivas denotan la lucha de la voz narrativa por situarse en el terreno de lo "simbólico" y zafarse del imaginario que sitúa su interacción con el "otro" en el campo de poder metropolitano. De esa forma, Villaverde filtra su deseo por liberar su escritura de los esquemas coloniales y centrarla en un modelo nativo que rete la categoría blanco/negro. Sin embargo, esa maniobra ideológica resume la incomprensión, el temor y el racismo que obstaculizan la cimentación del sincretismo étnico, a la vez que retrata sus propias contradicciones.

- **Entre espejos, hilos y modelos: la sastrería de Uribe**

> La imagen que se refleja en el espejo es una visión adecuada para adentrarse en el mundo de la representación y de la escritura híbrida.
>
> Gabriel Weisz, *Dioses de la peste* (1998: 138).

Al inicio de este capítulo aludí a la separación racial con que inicia la novela de Cirilo Villaverde; separación que construye la diferencia, hace germinar la tensión entre lo blanco/lo negro-lo mulato, y traza el decurso narrativo del texto. Señalé que habría que considerarla a la luz de la racialización por ser un concepto que propone no sólo separación étnica sino dinamismo interracial. Como resultado, mostré la amalgama de espacios raciales, en apariencia, definidos. Al principio todo parece estar bien pensado y cuadriculado, el habla de los personajes y las prontas elucidaciones de la voz narradora permiten continuar con la internalización de las diferencias entre una raza y otra. Pero todo eso comienza a alterarse cuando se descubren anomalías en el subrayado de ciertos vocablos. Estos ya no apuntan a la diferencia, sino al contagio, a la contradicción, al caos y al descontrol de las distinciones raciales que procuraron trazarse con el lenguaje.

Todo ese ensamblado de ideas pivote converge en la instancia narrativa que se desarrolla en la sastrería de Francisco de Paula Uribe. A ese pasaje quiero acercarme desde el concepto *mise en abyme* que, según Lucien DällenBach es cualquier aspecto dentro de un trabajo que muestra un parecido con el trabajo que la contiene (1989: 8). Pero antes de adentrarme en él quiero detenerme en Francisco Uribe como figura destacada del grupo de pardos y morenos libres ajusticiados en la conspiración de la Escalera.

Como señala Pedro Deschamps Chapeaux, este sastre "se hallaba establecido, desde 1833, en la calle de Ricla n. 57 en cuya puerta, un llamativo letrero, avisaba a los transeúntes que allí tenía su taller: *Francisco Uribe. El sastre de moda*". Además, gozaba de gran acogida entre la nobleza peninsular y criolla, siendo el sastre más popular de la época. Esto le había permitido amasar la suma de $7.398 y poseer dos casas, cada una con un valor de $1.156 y 1.162, respectivamente. Tenía doce esclavas, de las cuales siete le ayudaban a lavar y a planchar la ropa de sus clientes, dos se encargaban de los quehaceres domésticos y las otras tres eran niñas. A consecuencia de la Escalera, Uribe se suicidó el 19 de abril de 1844, dejando como herederos a dos hijos y a una hija. (Deschamps Chapeaux 1971: 144-147). En *Cecilia Valdés* se dice que:

> [...] Aunque quisiera, no hubiera podido negar la raza negra mezclada con la blanca, a que debía su origen. Era de elevada talla, enjuto de carnes, carilargo, los brazos tenía desproporcionados, la nariz achatada, los ojos saltones, o a flor del rostro, la boca chica, y tanto que apenas cabían en ella dos sartas de dientes ralos, anchos y belfos; los labios renegridos, muy gruesos y el color cobrizo pálido. Usaba patilla corta, a lo clérigo, rala y crespa, lo mismo que el cabello, si bien éste más espeso y en mechones erectos que daban a su cabeza la misma apariencia atribuida por la fábula a la de Medusa.
>
> Como sastre que debía dar el tono en la moda, vestía Uribe pantalones de mahón ajustados a las piernas, de tapa angosta, figurando una *M* cursiva, sin los finales de enlace, y las indispensables trabillas de cuero. En vez del zapato de

> escarpín, entonces de uso general, llevaba chancletas de cordobán, dejando al descubierto unos pies que no tenían nada de chicos ni bien conformados, porque sobre mostrar demasiado los juanetes, apenas formaban puente. Por poco que previniese en su favor el aspecto de Uribe, no cabe duda que era el más amable de los sastres, muy ceremonioso y un si es no es pagado de la habilidad de sus tijeras. Estaba casado con una mulata como él [...] (102).

La fascinación con que le mira el narrador es más que obvia en su meticulosa descripción y más que elocuente en el papel que le adjudica hacia la mitad del relato. Su importancia social la extrapola Villaverde a la ficción, en donde figura como alter ego de la voz narrativa.

En la escena ya aludida, Uribe trabaja, junto a Pimienta, en la "casaca verde indivisible" que le ha encargado Leonardo Gamboa. Molesto porque José Dolores no ha acabado con ella y ansioso, porque de un momento a otro llega su cliente a recogerla, el sastre pide al clarinetista que le sirva de modelo por tener "el mismo cuerpo que el caballerito Leonardo" (106). Como el sastre nota que Pimienta está de mal humor, y cree que ha sido por haberle puesto encima la casaca de un blanco, le dice:

> [...] Haz como el perro con las avispas, enseñar los dientes para que crean que te ríes. ¿No ves que *ellos* son el martillo y nosotros el yunque? Los blancos vinieron primero y se comen las mejores tajadas; nosotros los de color vinimos después y gracias que roemos los huesos. Deja correr, chinito, que alguna vez nos ha de tocar a nosotros. Esto no puede durar siempre así (106).

Y Uribe continúa diciéndole cómo algunos que se las echan de mucho título, se avergonzarían de estar junto a sus padres por su origen. Mientras conversan, el sastre va cosiendo a la par que "el embrión de frac tomaba poco a poco la forma del cuerpo del oficial [...] sin que a todas estas tuviese él la certidumbre de que le viniese bien a su legítimo dueño [...]" (108).

Leonardo llega antes de la hora acordada. Pimienta, sin ser visto, se quita la casaca verde y el narrador comenta que el joven Gamboa "ignoraba que tuviese un enemigo acérrimo en el músico; y que, además, se creía muy superior para ocuparse de las simpatías o antipatías de un hombre de baja esfera, mulato por añadidura" (109). Como es natural, el joven le pide a Uribe su ropa y como todavía no está lista se molesta con él. Pero el sastre lo invita a probarse la casaca. El narrador describe así ese momento:

> Por entonces, plantado Leonardo delante del espejo, se había despojado del frac con la ayuda del sastre, y mientras le probaban el nuevo, creyó ver reflejada en aquél la imagen de alguien que le miraba a hurtadilla desde atrás de la puerta

del comedor. Aunque le pasó por la mente que había visto aquella cara en alguna parte, de pronto no pudo recordar dónde ni cuándo. En este esfuerzo de imaginación se quedó un rato pensativo, completamente abstraído (110).

Al igual que la semiótica de las itálicas, la escena en la sastrería de Uribe recrea los conflictos ideológicos que el narrador inscribe en el espacio nuclear del texto.

El monólogo del sastre ambienta la escena con su alusión al origen mulato de altos funcionarios que "se avergonzarían de que su padre o su madre se les sentara al lado en el quitrín, o los acompañara a los besamanos del Capitán General [...]" (106). Como telón de fondo, sus comentarios sobre la mezcla entre razas preparan el encuentro de Leonardo y Pimienta frente al espejo, segmento en que aflora la apetencia a un otro abyecto, pero deseable. Y en medio de ellos se inicia la confección de la casaca, vestimenta reveladora de la maniobra tejida que inscribe el narrador en el arte de Uribe.

Ahora bien, esa casaca antes de ser del señorito Leonardo es del mulato Pimienta, y Uribe modela el paño de acuerdo a la forma de su cuerpo, pero cuando llega Leonardo, dueño y modelo se encuentran frente al espejo en una imagen que arrastra consigo referencias a verdades reveladas e imágenes invertidas. Más aún, sus miradas coinciden en el cristal azogado. Una vez más el narrador se encarga de problematizar la separación racial a través de Uribe: la casaca es la superficie simbólica en la que se borran las diferencias. Esa vestidura recoge en su interior a dos razas y las hace una, con igual medida y personalidad. Como postula Alison Lurie "to put someone else's clothes is symbolically to take on their personality [...] the sharing of clothes is always a strong indication of shared tastes, opinions and even personality" (1981: 24). Compartir la misma ropa significa también "that in the lower or physical natures they are alike, however dissimilar they may be socially or culturally" (Lurie 1981: 16). La igualdad ontológica entre Leonardo y Pimienta la establece el narrador con el intercambio de la chaqueta. Con ello formula la necesidad de considerar ambos grupos raciales en la creación del sujeto nacional.

Pero, ¿por qué una casaca verde? Según *el Diccionario de la Real Academia de la Lengua Española*, lo verde se utiliza para "lo que aún no está maduro" y para "las cosas que están en los principios y a las cuales falta mucho para perfeccionarse" (1992: 2077). Por su parte, Chevalier indica que es un "valor medio, mediatriz entre el calor y el frío, lo alto y lo bajo" (1986: 1057). El entendimiento entre los blancos y la gente de color no madura, le "falta mucho para perfeccionarse". Ese color intermedio y mediatriz entre opuestos nos devuelve la imagen de las cursivas grifas de las que tanto hemos hablado, y que ahora "verdean" entre lo blanco y lo negro/lo mulato. La semejanza corporal que atribuye el sastre Uribe a Pimienta y a Leonardo resurge en la imagen de ambos frente a un espejo de doble faz que, en palabras de Andrew Greene, "forma su superficie desde el sentimiento corporal y al mismo tiempo crea su imagen, sólo la puede crear con los auspicios de la mirada, que lo hace testigo de la forma del semejante" (1988: 39).

Pero Leonardo no recuerda dónde ni cuándo ha visto aquella cara que lo mira a hurtadillas. Y se esmera por recordar, pero en ese "esfuerzo de imaginación, se quedó un rato pensativo completamente abstraído" (76). La imagen de Leonardo comienza a empañarse por la falla en la "dialéctica de reconocimiento"; idea lacaniana en que el conocimiento del "yo" depende de cómo el "otro" reacciona ante él (Sarup 1993: 12). Ese "otro", Pimienta, ante la llegada del "yo", Leonardo, desaparece precipitadamente. Por su parte, el "yo" no consigue recordar al "otro". La imposibilidad del reconocimiento es contundente y nos recuerda a Fanon: "action from one side only would be useless, because what is to be happen can only be brought about by means of both [...] they recognize themselves as mutually recognizing each other" (1967: 217). De hecho, nada ocurre porque se frustra la búsqueda narrativa de reconocimiento interracial por medio del intercambio de la casaca. A la identidad (tienen el mismo cuerpo) corresponde la negación (Pimienta se esconde; Leonardo no recuerda).

La casaca es un artefacto cultural con que el sastre Uribe busca dotar de sentido a su propio "yo". Él se encarga de que un cuerpo mulato sea la regla; el modelo original de lo que lucirá más tarde Leonardo. Este sastre, consciente como demostró en su conversación con Pimienta de las diferencias raciales, traduce por medio de esa vestimenta compartida, su afán por dominar a los blancos. Pero ese anhelo no sólo pertenece al sastre, sino también al narrador y, a través de él, a Villaverde. Ya señalé que la disparidad de las cursivas postulaba la lucha del escritor colonial por validar su autoridad al cuestionar la alegoría maniquea metropolitana. Del mismo modo, mostraba su indecisión frente a lo híbrido como configurador del sujeto nacional. El color de la casaca de Leonardo representa el deseo de tejer una identidad nacional que comience en una raza y continúe en otra, una etnia indivisible en donde se erradiquen las diferencias y se dinamice la construcción del color nacional cubano. Pero esa maniobra ideológica se echa a perder en las miradas que se repelen dentro del espejo.

El fragmento en la sastrería de Uribe es la *mise en abyme* de los desplazamientos de las cursivas como muestra del deseo/rechazo a la diferencia, de la arbitrariedad de la superioridad blanca (Leonardo) y de la inferioridad negra (Pimienta), del gesto performativo de labrar una identidad nacional que se aparte del esencialismo peninsular. La casaca es metáfora de una sociedad en transición: de la esclavitud al trabajo libre, de la opresión cultural a la libertad nacional.

- **El enigma del lenguaje**

> Fuera de Cuba, reformé mi género de vida: troqué mis gustos literarios por más altos pensamientos: pasé del mundo de las ilusiones al mundo de las realidades; abandoné, en fin, las frívolas ocupaciones del esclavo en tierra esclava, para tomar parte en las empresas del hombre libre en tierra libre.
>
> Cirilo Villaverde (1981: 4)

El lenguaje en *Cecilia Valdés* es producto de un narrador que demuestra conocer el vocabulario de los blancos y de los negros/mulatos; alguien a quien resulta fácil ofrecer explicaciones cortas y directas sobre las expresiones ajenas y propias a estas razas. La autoridad narrativa evita, en ocasiones, el uso de las letras cursivas, pues el tono de sus comentarios cumple con la función de marcar las diferencias raciales, más aún, de mostrarlo en la construcción lingüística del "yo" narrativo. Sus frecuentes contradicciones y arbitrariedades semánticas lo descubren como "an object of representation; presented as possessor of the knowledge of the rule, he allows the contradiction to appear through himself" (Bhabha 1994: 146-147). De igual modo, la línea divisoria desde la que procura ordenar el relato, recoge la fragilidad de ese intento al develar "the place from which the social relation would be conceivable [...] by its inability to define this place without letting its contingency appear, without condemning itself to slide from one position to another" (Bhabha 1994: 147). Aun cuando esa división pretende aniquilar el descontrol racial, se instaura como el eje axial de la ambivalencia en *Cecilia Valdés*. Dentro del mundo narrativo de la novela impera la confusión étnica contra la cual trata de resguardarse el narrador. Las bastardillas son la estrategia coercitiva con que impide el traspaso de su línea divisoria. Este gesto pone de manifiesto la interioridad tambaleante del narrador y crea recelos con su obsesión por distanciar en cursivas lo blanco de lo negro/lo mulato. Con ello demuestra su horror hacia una ambigüedad racial que deshaga la cimentación dicotómica de su "yo". Las cursivas recogen su propia confusión frente a una sociedad en que la "canela" y el "carbón" se mezclan con lo blanco.

Esas oposiciones, producto del temor a lo incierto, son la fuente principal de sus ambivalencias. Como sostiene Bauman:

> [...] the opposition, born of the horror of ambiguity, becomes the main source of ambivalence. The enforcement of any classification inevitably means the production of anomalies (that is, phenomena which are perceived as 'anomalous' only as far as they span the categories whose staying apart is the meaning of order). Thus 'any given' culture must confront events which seem to defy its assumptions. It cannot ignore the anomalies which its scheme produces, except at risk of forfeiting confidence (1991: 61).

La línea divisoria "que tácitamente y al parecer sin esfuerzo" respetaban los hombres de color y los blancos es el punto de partida para la mezcla racial. El límite invita al descontrol, incita la curiosidad y su ruptura transgresora produce la anomalía de lo híbrido. ¿Cómo interpretar el fenómeno "del doble" en *Cecilia Valdés*? ¿Cómo pensar el anacrónico inventario de gente de color –Plácido, Uribe, Pimienta, Brindis de Salas, Manzano– sino como anomalía? Portadoras del germen de lo mulato, esas irregularidades se transmutan en el arte táctico con que un narrador "débil" expande las categorías raciales que trazaban su imaginado orden socio-cultural. Al hacerlo, transgrede el centralismo metropolitano que se reconoce en ellas y fuerza al criollo blanco y al de color a enfrentar los eventos que desafían el orden interracial. A ellas se suma el atravesado ejercicio de las bastardillas que no puede hacer a un lado, por saberse en riesgo de perder la piedra de toque del color nacional. Como gesto transgresor de las fronteras raciales, las cursivas "forces the limit to face the fact of its imminent disappearance, to find itself in what it excludes (perhaps, to be more exact, to recognize itself for the first time), to experience its positive truth in its downward fall" (Foucault 1977: 34). De la fisura de esos límites emerge la letra grifa como portadora del mulataje lingüístico. La voz narrativa media entre realidades raciales, a la vez que imagina la nación: "imposible que lo entiendan en toda su fuerza aquellos que no han vivido jamás en un país de esclavos" (144).

El comentario del narrador, en el capítulo quinto, de la segunda parte, intriga: ¿quiénes exactamente son los esclavos? Si se considera el contexto literario, serían aquéllos que como el calesero Aponte sufren los azotes caprichosos de su amo. Pero el sema "esclavos" se descorre en la cadena de significados ausentes, el enunciado metafórico invierte la referencia racial por la colonial. La incertidumbre de las cursivas emerge del intersticio etniacolonia, de la dualidad del sujeto subalterno como amo/esclavo. Aunque el pasaje citado aparta esas funciones al referirse al esclavo y al amo por separado, el comentario del narrador permite asociar ambas con el doble papel del sujeto subalterno. El fragmento es como sigue:

> Después de eso (los azotes de Leonardo al calesero Aponte), ¿cuál de los dos, la víctima o el verdugo, encontró primero reposo en la cama? Mejor dicho ¿qué pasaba por el alma del amo cuando se echó en la suya? ¿Qué por el alma del esclavo cuando se desplomó en la rígida tarima? Difícil es que lo expliquen los que no han sido una ni otra cosa, e imposible que lo entiendan en toda su fuerza aquellos que no han vivido jamás en un país de esclavos (144).

Las palabras del narrador llaman la atención porque separan los procesos anímicos del amo y del esclavo, que son inexplicables para quienes no han sido ni lo uno ni lo otro, e incomprensibles, "en toda su fuerza", para quienes "no han vivido jamás en un país de esclavos". No obstante, su comentario final, los hermana: Leonardo y Aponte son subalternos. Frente a la autoridad española, el amo es un vasallo comparable a los negros. Es así como *Cecilia Valdés* ejemplifica la doble personalidad del sujeto colonial tras las refractarias cursivas.

El narrador es amo y es esclavo. Cuando traza la línea entre los blancos y la gente de color se presenta como autoridad y al dar paso a la confusión racial su poder clasificatorio es cuestionable "en toda su fuerza". Las cursivas muestran una posición intermedia entre clasificar/inscribir. Por un lado, el narrador quiere explicar la diferencia que lo circunda para definir la propia identidad nacional y, por otro, utilizarla para infiltrar su voz en el discurso metropolitano. La ambigüedad de las bastardillas es su negación a las demandas del poder maniqueo; su manera de perturbar la alegoría maniquea colonial para ofrecer su interpretación de la realidad racial y así apartarse de la interpretación peninsular. En "Dissemination", Bhabha señala que:

> The aim of cultural difference is to rearticulate the sum of knowledge from the perspective of the signifying position of the minority that resists totalization –the repetition that will not return as the same, the minus-in-origin that results in political and discursive strategies where adding *to* does not add up but serves to disturb the calculation of power and knowledge, producing other spaces of subaltern signification. The subject of the discourse of cultural difference is dialogical or transferential in the style of psychoanalysis. It is constituted through the locus of the Other which suggests both that the object of identification is ambivalent, and, more significantly, that the agency of identification is never pure or holistic but always constituted in a process of substitution, displacement or projection (1994: 162).

Ya he indicado que el narrador villaverdiano resiste la totalización al subvertir las categorías raciales con que inicia el relato. Así articula su diferencia cultural frente al discurso esencialista metropolitano. Una de las estrategias que utiliza, aparte de las cursivas, es el anacronismo de la escena citada en la que recuerda a los miembros más destacados de la burguesía mulata. Como indica la cita de Bhabha, la minoría, para inscribir su significación subalterna, utiliza estrategias políticas o discursivas en donde los agregados parecen no tener sentido, pero sirven para perturbar el cálculo de poder. Villaverde afecta ese cálculo al añadir la escena que dentro del orden narrativo no tiene sentido, pero que en el ideológico pone en evidencia la posición mulata del narrador. De este modo, construye la voz narrativa a través del otro. Esto implica, como propone Bhabha, que ese proceso no es puro, sino que está constituido por un proceso de desplazamientos y substituciones. Yo diría racializaciones.

El dinamismo del concepto de Mohanty, como señalé al inicio de este capítulo, no sólo denigra lo negro, sino que hace menos obvia la definición de lo blanco. *Cecilia Valdés* logra ese efecto con el inconstante manejo de las itálicas que cuestiona categorías raciales, le abre un espacio al discurso minoritario villaverdiano y propone la identidad híbrida del sujeto nacional.

La incapacidad del narrador para mantener límites entre los "hombres de color y los blancos" deviene en un mestizaje lingüístico semejante al que la novela, como texto decimonónico, trata de condenar a nivel argumental. En su lenguaje se refleja la tensión y complejidad que trae consigo el tópico de la raza en la conformación de lo nacional. Su estructura narrativa es el modelo-proceso de lo incontenible, de lo plurivalente; de la fisura: del lenguaje de las sombras del autor y de su enfrentamiento perpetuo con el problema de la escritura, con el designio de una raza que se desborda tras las raíces del verbo con el que pretendió contenerla.

Epílogo

Las fracturas del abolicionismo cubano

A lo largo de este trabajo se ha demostrado cómo la narrativa antiesclavista permite una mejor comprensión de la experiencia colonial cubana. Lejos de anclarse exclusivamente en el retrato de la esclavitud africana, la ficción generada por el círculo delmontino da testimonio de otro tipo de esclavitud: la colonial. Marginada de las instituciones de poder, la intelectualidad cubana transgrede en sus escritos el discurso metropolitano. Sin proponérselo abiertamente, los autores estudiados cuestionan el binarismo maniqueo de lo blanco o lo negro/lo mulato para pensar la nacionalidad cubana desde un prisma más a tono con su realidad híbrida. Digo sin proponérselo, porque los fenómenos analizados aquí –fenómenos que en *Autobiografía de un esclavo* de Juan Francisco Manzano remiten a rupturas discursivas, en *Sab* de Gertrudis Gómez de Avellaneda a ambigüedades descriptivas y en *Cecilia Valdés* de Cirilo Villaverde a inconstancias tipográficas–, dan testimonio de la lucha del sujeto colonial por trazar coordenadas diferenciadoras frente a España desde las entrañas mismas del esquema ordenador peninsular. La ruptura metafórica del orden hegemónico, que ejemplifican los quiebres textuales de *Autobiografía de un esclavo*, *Sab* y *Cecilia Valdés*, exhibe la lucha del letrado cubano por crear un imaginario nacional basado en purezas raciales; sin embargo, se trata de una fuerza racial ambigua, puesto que considera al mestizaje como posibilidad divergente frente a lo ibérico.

Por otro lado, los quiebres del discurso antiesclavista revelan las estratagemas de las cuales se vale el letrado habanero, como sujeto subalterno, para atentar contra la autoridad colonial, a la vez que ventila su deseo por liberarse de España. Atravesada por las contradicciones de autores que se saben antiesclavistas y dueños de esclavos, colonizadores y colonizados, amos y siervos, la narrativa antiesclavista se bifurca entre el deseo/rechazo hacia el "otro".

En *Autobiografía de un esclavo*, por ejemplo, nos encontramos frente a un texto rebelde que tras sus múltiples interrupciones, la celebración de una infancia ideal, la exaltación de la memoria, la creatividad del sujeto autobiográfico, nos revela las diversas estrategias de las que se vale para expresar la particularidad de su localidad cultural.

Del mismo modo en que Manzano construye un contra-discurso que atenta contra el marco genérico de una autobiografía escrita por un esclavo, en *Cecilia Valdés* el narrador infiltra su percepción de la compleja hibridez racial. Aun cuando la voz narrativa del texto villaverdiano no deshace abiertamente las categorías de lo blanco y lo negro/lo mulato, con las que el poder peninsular limita la realidad colonial, sí muestra las tensiones del discurso racial mestizo que empieza a cuajarse en el seno de la intelectualidad cubana.

El espacio de hibridez étnica en el cual se mueve el narrador cuestiona el enclave de categorías raciales puras con las que el colonizador tradicionalmente prescribe el entorno colonizado en un gesto condensador de diferencias. En *Cecilia Valdés* el narrador combate la simplificación racial o la "generalización" de la realidad colonial, como diría Edward Said o el "anonimato colectivo", en palabras de Albert Memmi. El confuso manejo de las letras cursivas que, al principio de la novela, separan a blancos y a negros/mulatos solivianta el binarismo maniqueo del poder metropolitano.

La tensión que produce el oscilar del narrador entre lo blanco y lo negro/lo mulato deviene en la estratagema con la que trastoca el binarismo de la hegemonía colonial. De las contradicciones en el uso de las cursivas con las que procura condensar las diferencias raciales se desprende también su lucha por ubicarse en ese espacio simbólico, apartado de la categoría de lo imaginario.

El mestizaje en el que está inmerso el narrador villaverdiano conecta con la incertidumbre étnica del personaje mulato de Gertrudis Gómez de Avellaneda. En *Sab*, las contradicciones en la construcción del protagonista remiten a la búsqueda del escritor colonial por autorizarse como intérprete del entorno cubano. La ambigua descripción de Sab y de la vieja india Martina, le permite a Gómez de Avellaneda deslizarse en los intersticios del discurso metropolitano; disfrazar su deseo por instaurar nuevas formas de ver y pensar a la incipiente nacionalidad cubana.

Su apreciación de la situación racial la valida al desarticular el binarismo peninsular, al desentenderse de la solidez de jerarquías raciales. Es así como llama la atención sobre lo mulato como raza más a tono con la realidad étnica colonial. Sin embargo, su interpretación no se da abiertamente, sino por medio de ciertas estrategias de la invención como son, por ejemplo, las notas a pie de página, la definición de algunos vocablos cubanos y sus "confesiones" en el prefacio. A esas estratagemas se suma el recuento de creencias populares, la leyenda del cacique Camagüey y la descripción física de Cubitas. Este último aspecto revela nuevas incertidumbres que añaden otra dimensión a la ambivalencia de la autoridad narrativa. Todas ellas contribuyen a la articulación de un "discurso de paso" que, al marcar sus propias contradicciones y el deseo/rechazo por el "otro", subvierte los esquemas unívocos de representación en los que el colonizador fundamenta su criterio ordenador. De esta forma, al dar cuenta de lo mulato como categoría racial que escinde las dicotomías de lo blanco y de lo negro, el narrador se autoriza como intérprete del territorio cultural de "lo cubano".

En términos generales, este análisis ha querido (de)mostrar cómo la narrativa antiesclavista, al igual que la casaca verde del sastre Uribe, es un artefacto cultural que no sólo muestra la complejidad racial de la Cuba decimonónica, sino que autentifica la existencia oculta de los tejidos narrativos con los que el discurso minoritario se las ingenia para hacer de su marginalidad un mecanismo que cuestiona, reta y contra-ataca al centralismo peninsular.

Bibliografía

Fuentes primarias

Gómez de Avellaneda, Gertrudis (1976) [1841]: *Sab*. Mary Cruz (ed.), La Habana: Editorial Arte y Literatura.
Manzano, Juan Francisco (1937) [1840]: *Autobiografía, cartas y versos de Juan Francisco Manzano*. José Luciano Franco (ed.), La Habana: Municipio de La Habana, 1937.
Villaverde, Cirilo (1981) [1882]: *Cecilia Valdés*. Iván A. Schulman (ed.), Caracas: Ayacucho.

Estudios específicos

Álvarez, Imeldo (ed.) (1979): *Acerca de Cirilo Villaverde*, La Habana: Editorial Letras Cubanas.
Álvarez-Amell, Diana (2000): "Las dos caras de *Cecilia Valdés*: entre el romanticismo y el nacionalismo cubano", *Hispania* 83.1 (marzo), 1-10.
Alzaga, Florinda (1979): *Las ansias de infinito en la Avellaneda*, Miami: Ediciones Universal.
— (1997): *La Avellaneda: intensidad y vanguardia*, Miami: Ediciones Universal.
Alzola, Concepción T. (1981): "El personaje Sab", en Rosa M. Cabrera, y Zaldívar, Gladys B. (eds.), *Homenaje a Gertrudis Gómez de Avellaneda. Memorias del simposio en el centenario de su muerte*, Miami: Ediciones Universal, 283-291.
Arias, Salvador (ed.) (1995): *Esclavitud y narrativa en el siglo XIX cubano: enfoques recientes*, La Habana: Editorial Academia.
Azougarh, Abdeslam (2000): *Juan Francisco Manzano: esclavo poeta en la isla de Cuba*, Valencia: Ediciones Episteme.
Barras y Prado, Antonio de las (1925): *Memorias, La Habana a mediados del siglo XIX*, Madrid: Ciudad Lineal.
Barreda, Pedro (1978): "Abolicionismo y feminismo en la Avellaneda: lo negro como artificio narrativo en *Sab*", *Cuadernos Hispanoamericanos* 342 (diciembre), 613-626.
— (1979): *The Black Protagonist in the Cuban Novel*. Page Bancroft (trad.), Amherst: University of Massachusetts Press.
Branche, Jerome (2001): "Mulato entre negros (y blancos): Writing, Race, the Antislavery Question, and Juan Francisco Manzano´s Autobiografia", *Bulletin of Latin American Research* 20.1 (enero), 63-87.

BRAVO-VILLASANTE, Carmen (1986): *Una vida romántica: la Avellaneda*, Madrid: Ediciones Cultura Hispánica.
BENÍTEZ ROJO, Antonio (1988): "Azúcar/poder/literatura", *Cuadernos Hispanoamericanos* 451-453, 195-215.
— (1988): "Ideología y literatura: la novela antiesclavista en Cuba (1835-1839)", *Cuadernos Hispanoamericanos* 451-452, 169-186.
BOYER, Mildred V. (1981): "Realidad y Ficción en *Sab*", en Cabrera, Rosa M. y Zaldívar, Gladys B. (eds.) *Homenaje a Gertrudis Gómez de Avellaneda: Memorias del simposio en el centenario de su muerte*, Miami: Ediciones Universal, 292-300.
CABRERA, Rosa M. y Gladys B. Zaldívar (1981): *Homenaje a Gertrudis Gómez de Avellaneda: Memorias del simposio en el centenario de su muerte*, Miami: Ediciones Universal.
CABRERA SAQUI, Mario (1969): "Vida, pasión y gloria de Anselmo Suárez y Romero", Introducción a *Francisco* de Anselmo Suárez y Romero, Miami: Nmemosyne, 7-36.
CHANG-RODRÍGUEZ, Raquel, y Gabriella de Beer (eds.) (1989): *La historia en la literatura iberoamericana. Memorias del XXVI Congreso del Instituto Internacional de Literatura Iberoamericana*, New York: Ediciones del Norte.
COTARELO Y MORI, Emilio (1930): *La Avellaneda y sus obras. Ensayo biográfico y crítico*, Madrid: Tipografía de Archivos.
DAVIES, Catherine (2001): Introduction. *Sab* de Gertrudis Gómez de Avellaneda, Manchester and New York: Manchester University Press.
DECOSTA WILLIS, Miriam (1988): "Self and Society in the Afro-Cuban Slave Narrative", *Latin American Literary Review* 16.32, 6-15.
DE LA TORRIENTE, Loló (1946): *La Habana de Cecilia Valdés*, La Habana: Jesús Montero.
ETTE, Ottmar (1986): "Cecilia Valdés y Lucía Jérez: transformaciones del espacio literario en dos novelas cubanas del siglo XIX", en Balderston, Daniel (ed.), *The Historical Novel in Latin America. A Symposium*, Gaithersburg: Ediciones Hispamérica, 85-96.
FRIOL, Roberto (1977): *Suite para Juan Francisco Manzano*, La Habana: Editorial Arte y Literatura.
GELPÍ Juan G. (1991): "El discurso jerárquico en *Cecilia Valdés*", *Revista de Crítica Literaria Latinoamericana* 17.34 (primavera), 47-61.
GONZÁLEZ, Reynaldo (1981): "Para una lectura historicista de *Cecilia Valdés*", *Casa de las Américas* 22.129 (noviembre-diciembre), 84-92.
GONZÁLEZ RUIZ, Julio (1991): "El tema de la esclavitud en la literatura femenina del S. XIX", en *IX Encuentro de la Ilustración al Romanticismo (1750-1850). 'Historia, memoria y ficción'*, Cádiz: Universidad de Cádiz, 137-148.
GUERRA, LUCÍA (1985): "Estrategias femeninas en la elaboración del sujeto femenino en la obra de Gertrudis de Gómez de Avellaneda", *Revista Iberoamericana* 51.132-133 (julio-diciembre), 707-722.
GUICHARNAUD-TOLLIS, Michele (1991): *L'emergence du Noir dans le roman cubain du XIXe siecle*, Paris: L'Harmattan.

GURTABAY, Reyes Lázaro (1994): "La naturaleza como espejo de contradicciones del discurso abolicionista en *Sab*", *Discurso: Revista de Estudios Iberoamericanos* XI.1, 51-62.

GUTIÉRREZ DE LA SOLANA, Alberto (1981): "*Sab* y *Francisco*: Paralelo y contraste", en Cabrera, Rosa M. y Zaldívar, Gladys B. (eds.) *Homenaje a Gertrudis Gómez de Avellaneda: Memorias del simposio en el centenario de su muerte*, Miami: Ediciones Universal, 1981. 301-317.

HARTER, Hugh A. (1981): *Gertrudis Gómez de Avellaneda*, Boston: Twayne Publishers.

JACKSON, Richard (1976): "False Tears for the Black Man: The White Aesthetic in the Nineteenth-Century Antislavery Novel in Cuba", en *The Black Image in Latin American Literature*, Albuquerque: University of New Mexico, 22-35.

— (1979): "Slave Poetry and Slave Narrative: Juan Francisco Manzano and Black Autobiography", en *Black Writers in Latin America*, Albuquerque: University of New Mexico, 25-35.

— (1984): "Slavery, Racism and Autobiography in Two Early Black Writers: Juan Francisco Manzano and Martín Morúa Delgado", en Luis, William (ed.) *Voices from Under, Black Narrative in Latin American and the Caribbean*, Westport, Ct: Greenwood P., 55-64.

JIMÉNEZ, Luis (1995): "Voces y silencios, y sus vínculos con el poder en la *Autobiografía* de Juan Francisco Manzano", en Bolden, Millicent A. y Jiménez, Luis A. (eds.) *Studies in Honor of María A. Salgado*, Newark, Delaware: Juan de la Cuesta, 31-45.

JOHNSON, Barbara (1986): "Thresholds of Difference: Structure of Address in Zora Neale Hurston", en Gates Jr., Henry Louis (ed.) *"Race, Writing and Difference"*, Chicago and London: The University of Chicago Press, 317-328.

KAYE, Jacqueline (1988): "La esclavitud en América: *Cecilia Valdés* y *La Cabaña del tío Tom*", *Casa de las Américas* XXII.129 (noviembre-diciembre), 74-83.

KUTZINSKI, Vera M. (1993): *Sugar's Secrets. Race and the Erotics of Cuban Nationalism*. Charlottesville and London: University Press of Virginia.

LABRADOR-RODRÍGUEZ, Sonia (1996): "La intelectualidad negra en Cuba en el Siglo XIX. El caso de Manzano", *Revista Iberoamericana* 174.LXII (enero-marzo), 13-25.

LAMORE, Jean (1992): *Cecilia Valdés o La loma del ángel*, Madrid: Cátedra.

LAWRENCE ROGERS, David (1994): "The irony of idealism: William Faulker and the South's construction of the mulatto", en Plasa, Carl y Ring, Betty J. (eds.) *The Discourse of Slavery*, London and New York: Routledge, 166-190.

LEANTE, César (1975): "Cecilia Valdés, espejo de la esclavitud", *Casa de las Américas* XV.89 (mayo-abril), 19-25.

— (1976): "Dos obras antiesclavistas cubanas", *Cuadernos Americanos* 207.4, 175-188.

LEWIS GALANES, Adriana (1988): "El álbum de Domingo del Monte", *Cuadernos Hispanoamericanos* 451-452 (enero-febrero), 255-265.

LUIS, William (1981): "The Antislavery Novel and the Concept of Modernity", *Cuban Studies/Estudios Cubanos* II.I, 33-47.

— (1981): "La novela antiesclavista: Texto, contexto y escritura", *Cuadernos Americanos* 234.3, 103-116.
— (1984): "*Cecilia Valdés*: The Emergence of an Antislavery Novel", *Afro-Hispanic Review* 3.2, 15-19.
— (ed.) (1984): *Voices from Under: Black in Latin America and the Caribbean*, Westport and London: Greenwood Press.
— (1989): "Autobiografía del esclavo Juan Francisco Manzano: Versión de Suárez y Romero", en Raquel Rodríguez-Chang, Raquel y Beer, Gabriella de (eds.) *La historia en la literatura iberoamericana*, Hanover: Ediciones del Norte, 250-268.
— (1990): *Literary Bondage: Slavery in Cuban Narrative*, Austin: University of Texas Press.
— (1994): "Nicolás Azcárate's Antislavery Notebook and the Unpublished Poems of the Slave Juan Francisco Manzano", *Revista de Estudios Hispánicos* 28.3 (octubre), 331-351.
LLORENS, Irma (1988): *Nacionalismo y Literatura. Constitución e institucionalización de la "República de las letras cubanas"*, Lleida: Edicions de la Universitat de Lleida.
MARRERO ENRÍQUEZ, José M. (1990): "Amor, patria e ilustración en el esclavo abolicionista de *Sab*", *Anales de Literatura Hispanoamericana* 19, 47-57.
MOLINA, Sintia (2001): *El naturalismo en la novela cubana*, Lanham, MD: University Press of America.
MOLLOY, Sylvia (1991): "From Serf to Self: The Autobiography of Juan Francisco Manzano", en *At Face Value: Autobiographical Writing in Spanish America*, Cambridge: Cambridge University Press, 36-54.
NETCHINSKY, Jill Ann (1986): "Engendering a Cuban Literature: Nineteenth Century Antislavery Narrative (Manzano, Suárez y Romero, Gómez de Avellaneda, Antonio Zambrana)". Diss. Yale U.
OLIVARES, Jorge (1994): "Otra vez *Cecilia Valdés*: Arenas con(tra) Villaverde", *Hispanic Review* 62.2 (primavera), 169-184.
PAQUETE, Robert L. (1988): *Sugar Is Made With Blood. The Conspiracy of La Escalera and the Conflict between Empires over Slavery in Cuba*, Middletown: Wesleyan University Press.
PASTOR PASTOR, Brígida (1996): "Simbolismo autobiográfico en la novela *Sab* de Gertrudis Gómez de Avellaneda", *Aldaba* 28, 389-403.
PERCAS PONSETI, Helena (1962): "Sobre la Avellaneda y su novela *Sab*", *Revista Iberoamericana* 28.54 (julio-diciembre) 347-357.
RAMOS, Julio (1996): *Paradojas de la letra*, Caracas: Ediciones eXcultura.
— (1993): "Cuerpo, Lengua, Subjetividad", *Revista de Crítica Literaria Latinoamericana* XIX.38 (2º semestre), 225-237.
RING, Betty J. (1994): "'Painting by numbers'. Figuring Frederick Douglass", en Plasa, Carl y Ring, Betty J. (eds.) *The Discourse of Slavery*, London and New York: Routledge, 118-143.
RIVAS, Mercedes (1990): *Literatura y esclavitud en la novela cubana del Siglo XIX*, Sevilla: Escuela de Estudios Hispano-Americanos de Sevilla.

RODRÍGUEZ, Ileana (1980): "Romanticismo literario y liberalismo reformista: El grupo de Domingo Delmonte", *Caribbean Studies* 20.1, 35-56.
ROMERO FIVEL-DEMARET, Sharon (1989): "The Production and Consumption of Propaganda Literature: The Cuban Antislavery Novel", *Bulletin of Hispanic Studies* 66.1, 1-12.
ROSELL, Sara V. (1997): *La novela antiesclavista en Cuba y Brasil*. Madrid: Pliegos.
SÁNCHEZ, Julio C. (1971): "La sociedad cubana del Siglo XIX a través de Cecilia Valdés", *Cuadernos Americanos* 175 (marzo-abril), 123-134.
SCHLAU, Stacey (1986): "Strangers in a Strange Land: the Discourse of Alienation in Gómez de Avellaneda Abolicionist Novel *Sab*", *Hispania* 69 (septiembre), 495-503.
SCHULMAN, Ivan (1977): "The Portrait of the Slave: Ideology and Aesthetic in the Cuban Antislavery Novel", *Anals of the New York Academy of Sciences* 292, 356-67.
— (1975) (ed.): *Autobiografía de un esclavo*, Madrid: Ediciones Guadarrama.
SOMMER, Doris (1991): "Sab C'est Moi", en *Foundational Fictions: The National Romances of Latin America*, Los Angeles: University of California Press, 114-137.
— (1993): "Cecilia no sabe o los bloqueos que blanquean", *Revista de Crítica Literaria Latinoamericana* 19.38, 239-248.
TODOROV, Tzvetan (1986): "Race, Writing and Culture", en Gates Jr., Henry Louis (ed.) *"Race, Writing and Difference*, Chicago and London: The University of Chicago Press, 370-380.
VERA LEÓN, Antonio (1991): "Juan Francisco Manzano: el estilo bárbaro de la nación", *Hispamérica* 20.60, 3-22.
VIRGILLO, Carmelo (1978): "El amor en la estética de Gertrudis Gómez de Avellaneda", *Cuadernos Americanos* 2.19 (julio-agosto), 244-258.
WILLIAMS, Lorna Valerie (1993): "The Feminized Slave in Gómez de Avellaneda's *Sab* (1841)", *Revista de Estudios Hispánicos* 27 (enero), 3-17.
— (1993): "The Representation of the Female Slave in Villaverde's Cecilia Valdés", *Hispanic Journal* 14 (primavera), 73-89.
— (1994): *The Representation of Slavery in Cuban Fiction*, Columbia and London: University of Missouri Press.
WILLIS, Susan (1985): "Crashed Geraniums: Juan Francisco Manzano and the Language of Slavery", en Davis, Charles T. y Gates Jr., Henry Louis (eds.) *The Slave's Narrative*, Oxford and New York: Oxford University Press, 199-224.

MARCO TEÓRICO

ANDERSON, Benedict (1991): *Imagined Communities. Reflections on the Origin and Spread of Nationalism*, London and New York: Verso.
ASHCROFT, Bill; GARETH, Griffiths, y TIFFIN, Helen (1989): *The Empire Writes Back: Theory and Practice in Post-Colonial Literatures*, London and New York: Routledge.

— (eds.) (1995): *The Post-Colonial Studies Reader*, London and New York: Routledge.
BAKHTIN, Mikhail M. (1990): *The Dialogic Imagination*, Austin: University of Texas Press.
— (1992): *Estética de la creación verbal*. Tatiana Bubnova (trad.), México: Siglo XIX.
BALDICK, Chris (1990): *The Concise Oxford Dictionary of Literary Terms*, Oxford and New York: Oxford University Press.
BANFIELD, Ann (1982): *Unspeakable Sentences: Narration and Representation in the Language of Fiction*, London: Routledge and Kegan Paul.
BAUMAN, Zygmunt (1991): *Modernity and Ambivalence*, Ithaca: Cornell University Press.
BERMINGHAM, Ann (1986): *Landscape and Ideology. The English Rustic Tradition, 1740-1860*, Berkeley: University of California Press.
BHABHA, Homi K. (1986): "The Other Question: Difference, Discrimination and the Discourse of Colonialism", en Baker, F.; Hulme, P. y Iverson, I. (eds.), *Literature, Politics and Theory: Papers from the Essex Conference 1976-1984*, London: Methuen, 148-172.
— (1990): *Nation and Narration*, London and New York: Routledge.
— (ed.) (1994): *The Location of Culture*, London and New York: Routledge.
BOURDIEU, Pierre (1977): *Outline of a Theory of Practice*, London: Cambridge University Press.
BRAHAM, Jeanne (1995): *Crucial Conversations. Interpreting Contemporary American Literary Autobiographies by Women*, New York and London: Teachers College Press.
BREWARD, Christopher (1995): *The Culture of Fashion. A New History of Fashionable Dress*, Manchester and New York: Manchester University Press.
BRUSS, Elizabeth (1976): *Autobiographical Acts: The Changing Situation of a Literary Genre*, Baltimore and London: The Johns Hopkins University Press.
CARRETTA, Vincent, y GOULD, Philip (eds.) (2001): *Genius in Bondage: Literature of the Early Black Atlantic*, Lexington, Ky.: University Press of Kentucky.
CERTEAU, Michel de (1984): *The Practice of Everyday Life*, Berkeley, Los Angeles and London: University of California Press.
— (1995): *Heterologies: Discourse on the Other*, Minneapolis: University of Minnesota Press.
CEVALLOS-CANDAU, Francisco Javier; COLE, Jeffrey A.; SCOTT, Nina M. y SUÁREZ-ARAÚZ, Nicomedes (1994): *Coded Encounters. Writing, Gender, and Ethnicity in Colonial Latin America*, Amherst: University of Massachusetts Press.
CHATMAN, Seymour (1978): *Story and Discourse: Narrative Structure in Fiction and Film*, Ithaca: Cornell University Press.
— (ed. y trad.) (1971): *Literary Style: A Symposium*, London and New York: Oxford University Press.
CHILDERS, Joseph, y HENTZI, Gary (eds.) (1996): *The Columbia Dictionary of Modern Literary and Cultural Criticism*, New York: Columbia University Press.

CHING-LIANG LOW, Gail (1996): *White Skins/Black Masks. Representation and Colonialism*, London and New York: Routledge.

COE, Richard N. (1984): *When the Grass Was Taller: Autobiography and the Experience of Childhood*, New Haven and London: Yale University Press.

CONVENEY, Peter (1967): *The Image of Childhood. The Individual and Society: A Study of the Theme in English Literature*, London: Penguin Books.

COX, Timothy J. (2001): *Postmodern Tales of Slavery in the Americas: From Alejo Carpentier to Charles Johnson*, New York: Garland Publishing.

DÄLLENBACH, Lucien (1989): *The Mirror in the Text*, Cambridge: The University of Chicago Press.

DAVIS, Charles T., y GATES JR., Henry Louis (1985): *The Slave's Narrative*, Oxford and New York: Oxford University Press.

DELEUZE, Gilles, y GUATTARI Félix (1983): *Rizoma*. C. Casillas y V. Navarro (trads.), México: Premia.

DELEUZE, Gilles, y PARNET, Claire (1987): *Dialogues*, London: Athlone Press.

DERRIDA, Jacques (1986): *De la gramatología*. Óscar del Barco y Conrado Ceretti (trads.), México: Siglo XXI.

— (1989): *La escritura y la diferencia*. Patricio Peñalver (trad.), España: Anthropos.

DONALD, James, y RATTARSI, Ally (eds.) (1992): *Race, Culture and Difference*, London: SAGE Publications.

EGAN, Susanna (1984): *Patterns of Experience in Autobiography*, Chapel Hill and London: The University of North Carolina Press.

ELCHER, Joanne B. (ed.) (1982): *Dress and Ethnicity. Change Across Space and Time*, Oxford: Berg Publishers Limited.

FACKNITZ, Mark A. R. (1990): "The Garden and the Self in Great War Autobiography", *a/b: Auto/Biography Studies* 5.2 (Fall), 140-151.

FANON, Frantz (1967): *Black Skin White Masks*. Charles Lam Markmann (trad.), New York: Grove Pess.

FESTA-MCCORMICK, Diana (1984): *Proustian Optics of Clothes. Mirrors, Masks, Mores*, Saratoga: ANMA Libri & Co.

FLEISHMAN, Avrom (1983): *Figures of Autobiography: The Language of Self-Writing in Victorian and Modern England*, Berkeley: University of California Press.

FOUCAULT, Michel (1991): *La arqueología del saber*. Aurelio Garzón del Camino (trad.), México: Siglo XXI.

— (1993): *Las palabras y las cosas: una arqueología de las ciencias humanas*. Elsa Cecilia Frost (trad.), México: Siglo XXI.

FOUCAULT, Michel, y BOUCHARD, Donald (eds.) (1977): *Language, Counter-Memory, Practice: Selected Essays and Interviews*. Ithaca: Cornell University Press.

FOWLER, Roger (1981): *Literature as Social Discourse: The Practice of Linguistic Criticism*, Bloomington: Indiana University Press.

— *et. al.* (1979): *Language and Control*, London and New York: Routledge.

FRANCIS, Mark, y HESTER JR., Randolph T. (1990): *The Meaning of Gardens. Idea, Place and Action*, Cambridge: The MIT Press.
FRASER, Kennedy (1981): *The Fashionable Mind. Reflections on Fashion 1970-1981*, New York: Alfred A. Knopf.
GATES JR., Henry Louis (ed.) (1984): *Black Literature and Literary Theory*, New York: Methuen.
— (ed.) (1985-86): *Race, Writing and Difference*, Chicago and London: University of Chicago Press.
— (1987): *Figures in Black: Words, Signs and the "Racial" Self*, New York and Oxford: Oxford University Press.
— (1988): *The Signifying Monkey: A Theory of Afro-American Literary Criticism*, New York and Oxford: Oxford University Press.
GILMAN, Sander (1985): *Difference and Pathology: Stereotypes of Sexuality, Race and Madness*, Ithaca: Cornell University Press.
— (1991): *Inscribing the Other*, Lincoln and London: University of Nebraska Press.
GINSBERG, Elaine K. (1996): *Passing and the Fictions of Identity*, Durham and London: Duke University Press.
GREENE, Andrew (1988): "Uno, otro, neutro: valores narcisistas de lo mismo", en *Narcisismo de vida, narcisismo de muerte*, Buenos Aires: Amorrortu, 31-41.
HALL, Stuart (1992): "New Ethnicities", en Donald, James y Rattansi, Ali (eds.) *Race, Culture and Difference*, London, California and New Delhi: SAGE Publications Ltd.
HANDLEY, George B. (2000): *Postslavery Literature in the Americas: Family Portraits in Black and White*, Charlottesville and London: University Press of Virginia.
HARPHAM, Geoffrey Galt (1988): "Conversion and the Language of Autobiography", en Olney, James (ed.) *Studies in Autobiography*, New York and London: Oxford University Press, 42-50.
HEATH, Stephen (1981): *Questions of Cinema*, Bloomington: Indiana University Press.
JAMESON, Fredric (1980): *La cárcel del lenguaje: perspectiva crítica del estructuralismo y del formalismo ruso*. Carlos Manzano (trad.), Barcelona: Ariel.
JANMOHAMED, Abdul R. (1985): "The Economy of Manichean Allegory: The Function of Racial Difference in Colonialist Literature", *Critical Inquiry* 12.1, 59-87.
— (1983): *Manichean Aesthetics. The Politics of Literature in Colonial Africa*, Amherst: The University of Massachusetts Press.
JANMOHAMED, Abdul R., y David Lloyd (1987): *Cultural Critique: The Nature and Context of Minority Discourse (Special Issue)* 6 (primavera).
JAY, Paul (1984): *Being in the Text. Self-Representation from Wordsworth to Roland Barthes*, Ithaca and London: Cornell University Press.
KANE, Leslie (1984): *The Language of Silence. On the Unspoken and the Unspeakable in Modern Drama*, Rutherford: Fairleigh Dickinson University Press.
KEITH, Michael, y PILE, Steve (eds.) (1993): *Place and the Politics of Identity*, London and New York: Routledge.

LaCapra, Dominick (ed.) (1991): *The Bounds of Race: Perspectives on Hegemony and Resistance*, Ithaca: Cornell University Press.

Langer, Lawrence (1959): *The Importance of Wearing Clothes*, New York: Hastings House.

Lentricchia, Frank, y McLaughin, Thomas (1990) *Critical Terms for Literary Study*, Chicago and London: The University of Chicago Press.

Ludmer, Josefina (1984): "Las tretas del débil", en González, Patricia E. y Ortega, Eliana (eds.) *La sartén por el mango: encuentro de escritoras latinoamericanas*, Río Piedras: Huracán, 47-54.

— (1984): "La lengua como arma: fundamentos del género gauchesco", en Lerner, Lia y Lerner, Isaac (eds.) *Homenaje a Ana María Barrenechea*, Madrid: Castalia, 471-479.

Lurie, Alison (1981): *The Language of Clothes*, New York: Random House.

Lutwack, Leonard (1984): *The Role of Place in Literature*, Syracuse: Syracuse University Press.

Makaryk, Irena M. (1993): *Encyclopedia of Contemporary Literary Theory. Approaches, Scholars, Terms*, Toronto, Buffalo and London: University of Toronto Press.

McBride, Dwight A. (2001): *Impossible Witnesses: Truth, Abolitionism and Slave Testimony*, New York, London: New York University Press.

McGary, Howard, y Lawson, Bill E. (1992): *Between Slavery and Freedom: Philosophy and American Slavery*, Bloomington: Indiana University Press.

Memmi, Albert (1974): *Retrato del colonizado*, Madrid: Cuadernos para el diálogo.

Meyer, Susan (1996): *Imperialism at Home. Race and Victorian Women's Fiction*, Ithaca: Cornell University Press.

Minh-Ha, Trinh T. (1995): "No Master Territories", en *The Post-Colonial Studies Reader*, London and New York: Routledge, 215-218.

Mohanty, Satya P. (1991): "Drawing the Color Line: Kipling and the Culture of Colonial Rule", en LaCapra, Dominick (ed.) *The Bounds of Race: Perspectives on Hegemony and Resistance*, Ithaca: Cornell University Press, 311-343.

Nadel, Ira B. (1988): "The Biographer's Secret", en Olney, James (ed.) *Studies in Autobiography*, New York and Oxford: Oxford University Press, 24-31.

Nasio, Juan David (1987): *El silencio en Psicoanálisis*. José Luis Etcheverry (trad.), Buenos Aires: Amorrortu.

Olney, James (1972): *Metaphors of Self: the Meaning of Autobiography*, Princeton: Princeton University Press.

— (1985): "I was Born": Slave Narratives, Their Status as Autobiography and as Literature", en Davis, Charles T. y Louis Jr., Henry (eds.) *The Slave's Narrative*, Oxford and New York: Oxford University Press, 148-175.

Olshen, Barry N. (1995): "Subject, Persona, and Self in the Theory of Autobiography", *a/b: Auto/Biography Studies* 10.1(primavera), 5-15.

Omi, Michael, y Winant, Howard (1986): *Racial Formation in the United States from the 1960s to the 1990s*, London and New York: Routledge.

PASCAL, Roy (1960): *Design and Truth in Autobiography*, Cambridge: Harvard University Press.
PLASA, Carl (2000): *Textual Politics from Slavery to Postcolonialism: Race and Identification*, Houndmills: Macmillam Press / New York: St. Martin´s Press.
PLASA, Carl, y RING, Betty J. (1994): *The Discourse of Slavery. Aphra Behn to Toni Morrison*, London and New York: Routledge.
PRATT, Mary Louise (1992): *Imperial Eyes: Travel, Writing and Transculturation*, London and New York: Routledge.
— (1977): *Toward a Speech Act Theory of Literary Discourse*, Bloomington: Indiana University Press.
PUGH, Simon (1988): *Garden-nature-language*, Manchester: Manchester University Press.
RELPH, E. (1976): *Place and Placelessness*, London: Pion Limited.
RICHARD, Nelly (1994): *La insubordinación de los signos*. Santiago de Chile: Cuarto Propio.
RODRÍGUEZ, Ileana (1994): *House/Garden/Nation Space, Gender, and Ethnicity in Postcolonial Latin American Literature by Women*, Durham and London: Duke University Press.
ROGERS, Robert (1970): *A Psychoanalytic Study of the Double in Literature*, Detroit: Wayne State University.
RZEPKA, Charles J. (1988): "The Body, the Book, and 'The True Hero of the Tale': De Quincey's 1821 *Confessions* and Romantic Autobiography as Cultural Artifact", en Olney, James (ed.) *Studies in Autobiography*, New York and Oxford: Oxford University Press, 141-150.
SAID, Edward. W. (1978): *Orientalism*, New York: Random House.
— (1983): *The World, the Text and the Critic*, Cambridge, Mass.: Harvard University Press.
— (1994): *Culture and Imperialism*, New York: Vintage Books.
— (1995): "Cultura e imperialismo: temas de la cultura de resistencia", *Casa de las Américas* XXXVI.200 (julio-septiembre), 20-28.
— (1996): "Representar al colonizado: los interlocutores de la antropología", en González Stephan, Beatriz (comp.), *Cultura y tercer mundo. Cambios en el saber académico*, Venezuela: Nueva Sociedad.
SARUP, Madan (1993): *An Introductory Guide To Post-Structuralism and Postmodernism*, Athens: The University of Georgia Press.
SCHOLES, Robert; KLAUSS, Carl H. y SILVERMAN, Michael (1978): *Elements of Literature*, New York and Oxford: Oxford University Press.
SEKORA, John (1988): "Is the Slave Narrative a Species of Autobiography?", en Olney, James (ed.) *Studies in Autobiography*, New York and Oxford: Oxford University Press, 99-111.
SIMMS, Norman (1992): *The Humming Tree: A Study in the History of Mentalities*, Urbana and Chicago: University of Illinois Press.
SKLODOWSKA, Elzbieta (1997): *Todo ojos, todo oídos: Control e insubordinación en la novela hispanoamericana (1895-1935)*, Amsterdam and Atlanta: Rodopi B.V.

SMITH, Sidonie (1987): *A poetics of Women's Autobiography. Marginality and the Fictions of Self-Representation*, Bloomington and Indianapolis: Indiana University Press.
— (1995): "Performativity, Autobiographical, Practice, Resistance", *a/b: Auto/Biography Studies* 10.1 (primavera), 17-33.
SOLLORS, Werner (1997): *Neither Black nor White yet Both. Thematic Explorations of Interracial Literature*, New York and Oxford: Oxford University Press.
SOMMER, Doris (1991): "Rigoberta's Secrets", *Latin American Perspectives* 18.3, 32-49.
— (1992): "Resistant Texts and incompetent readers", *Latin American Literary Review* 20.40 (julio-diciembre), 104-108.
SPENGEMANN, William C. (1980): *The Forms of Autobiography: Episodes in the History of a Literary Genre*, New Haven and London: Yale University Press.
SPIVAK, Gayatri (1987): *In Other Worlds: Essays in Cultural Politics*, New York and London: Routledge.
— (1990) *The Post-Colonial Critic*, New York and London: Routledge.
STALLYBRASS, Peter y WHITE, Allon (1986): *The Politics and Poetics of Transgression*. London: Methuen.
STEWART, Susan (1994): *Crimes of Writing: Problems in the Containment of Representation*, Durham and London: Duke University Press.
STOUT, Janis P. (1990): *Strategies of Reticence: Silence and Meaning in the Works of Jane Austen, Willa Carther, Katherine Anne Porter and Joan Didion*, Charlottesville and London: University Press of Virginia.
STURROCK, John (1993): *The Language of Autobiography: Studies in the First Person Singular*, Cambridge: Cambridge University Press.
SULEIMAN, Susan, y CROSMAN, Inge (1980): *The Reader in the Text: Essays on Audience and Interpretation*, Princeton: Princeton University Press.
TERDIMAN, Richard (1985): *Discourse/Counter-Discourse: The Theory and Practice of Symbolic Resistance in Nineteenth-Century France*, Ithaca: Cornell University Press.
THEANDER KESTER, Gunilla (1995): *Writing the Subject. Bildung and the African American Text*, New York: Peter Lang Publishing Inc.
TOCKER, Leona (1993): *Eloquent Reticence. Withholding Information in Fictional Narrative*, Lexington: The University Press of Kentucky.
TODOROV, Tzvetan (1991): *Nosotros y los otros: reflexión sobre la diversidad humana*. Martí Mur Ubasart (trad.), México: Siglo XXI.
TUAN, Yi-Fu (1977): *Space and Place. The Perspective of Experience*, Minneapolis: University of Minnesota Press.
WATERS, Michael (1988): *The Garden in Victorian Literature*, Aldershot: Scholar Press.
WEISZ CARRINGTON, Gabriel (1998) *Dioses de la peste: un estudio sobre literatura y representación*, México, DF: Siglo Veintiuno Editores.
WHITE, Hayden (1978): *Tropics of Discourse: Essays in Cultural Criticism*, Baltimore: Johns Hopkins University Press.

TEXTOS DE REFERENCIA GENERAL

BASTIDE, Roger (1971): *African Civilisations in the New World*, New York: Harper and Row, Publishers.

BAUDET, Henri (1965): *Paradise on Earth: Some Thoughts on European Images of Non European Man*, New Haven and London: Yale University Press.

BERGARD, Laird W. (1987): "Slave Prices in Cuba, 1840-1875", *Hispanic American Historical Review* 67 (noviembre), 631-655.

BUENO, Salvador (1959): *Historia de la literatura cubana*, La Habana: Editorial Minerva.

— (1979): *La crítica literaria cubana del Siglo XIX*, La Habana: Editorial Letras Cubanas.

— (1980): *Figuras cubanas del Siglo XIX*, La Habana: UNEAC.

— (1985): *Costumbristas cubanos del Siglo XIX*, Caracas: Ayacucho.

— (1986): *El negro en la novela hispanoamericana*, La Habana: Editorial Letras Cubanas.

— (1988): "La narrativa antiesclavista de Cuba de 1835-1839", *Cuadernos Hispanoamericanos* 451-453 (enero-febrero), 169-186.

CANTERO, J. G., y LAPLANTE, E. (1984): *Los ingenios de Cuba*. Levi Marrero (ed.), Barcelona: Gráficas M. Pareja.

CEPERO BONILLA, Raúl (1971): *Azúcar y abolición*, La Habana: Editorial de Ciencias Sociales.

CHEVALIER, Jean (1986): *Diccionario de los símbolos*, Barcelona: Editorial Herder.

COBB, Martha (1970): *Harlem, Haiti and Havana*, Washington, DC: Three Continents Press.

COHEN, David W., y GREENE, Jack P. (eds.) (1972): *Neither Slave nor Free*, Baltimore: Johns Hopkins University Press.

CORWIN, Arthur F. (1967): *Spain and the Abolition of Slavery in Cuba, 1817-1886*, Austin: University of Texas Press.

COULTHARD, Gabriel R. (1962): *Race and Colour in Caribbean Literature*, New York and Oxford: Oxford University Press.

CUDJOE, Selwyn R. (1980): *Resistance and Caribbean Literature*, Athens: Ohio University Press.

DATHORNE, O. R. (1981): *Dark Ancestor: The Literature of the Black Man in the Caribbean*, Baton Rouge: Louisiana University Press.

DECOSTA WILLIS, Miriam (1977): *Blacks in Hispanic Literature*, Port Washington: Kennitat Press.

DE LA CRUZ, Manuel (1981): *Sobre literatura cubana*. Ana Cairo (ed.), La Habana: Editorial Letras Cubanas.

DESCHAMPS CHAPEAUX, Pedro (1971): *El negro en la economía habanera del Siglo XIX*. La Habana: Unión de Escritores y Artistas.

DESCHAMPS CHAPEAUX, Pedro, y PÉREZ DE LA RIVA, Juan (1974): *Contribución a la historia de la gente sin historia*, La Habana: Editorial de Ciencias Sociales.

FERNÁNDEZ DE CASTRO, José Antonio (1943): *Tema negro en la literatura cubana*, La Habana: El mirador.

FIVEL-DEMORET, Sharon Romeo (1989): "The Production and Consumption of Propaganda Literature: The Cuban Anti-Slavery Novel", *Bulletin of Hispanic Studies* 66.1 (enero), 1-12.
FORNET, Ambrosio (1974): "Literatura y mercado en la Cuba colonial (1830-60)", *Casa de las Américas* 16.34 (mayo-junio), 40-52.
FRANCO, José Luciano (1968): *La presencia negra en el Nuevo Mundo*, La Habana: Casa de las Américas.
— (1977) *Las conspiraciones de 1810-1812*, La Habana: Editorial de Ciencias Sociales.
GUERRA, Ramiro (1970): *Azúcar y población en las Antillas*, La Habana: Editorial de Ciencias Sociales.
GONZÁLEZ DEL VALLE, José Z. (1938): *La vida literaria en Cuba (1836-1840)*, La Habana: Publicaciones de la Secretaria de Educación.
HENRÍQUEZ UREÑA, Max (1963): *Panorama histórico de la literatura cubana 1492-1952)*, New York: Las Americas Publishing Co.
JACKSON, Richard (1991): "The Emergence of Afro-Hispanic Literature", *Afro-Hispanic Review*, (septiembre), 4-10.
JAHN, Janheinz (1968): *Neo-African Literature. A History of Black Writing*, New York: Grove Press, Inc.
JOHNSON, Lemuel A. (1969-71): *The Devil, The Gargoyle and the Buffoon: The Negro as Metaphor in Western Literature*, Port Washington: Kennikat Press.
KLEIN, Herbert S. (1986): *African Slavery in Latin America and the Caribbean*, New York and Oxford: Oxford University Press.
INSTITUTO DE CIENCIAS HISTÓRICAS (1986): *La esclavitud en Cuba*, La Habana: Editorial Academia de Ciencias de Cuba.
KNIGHT, Franklin W. (1970): *Slave Society in Cuba during the nineteenth century*, Madison: University of Wisconsin Press.
LAZO, Raimundo (1974): *Historia de la literatura cubana*, México: Dirección General de Publicaciones.
MASÓ, Calixto C. (1976): *Historia de Cuba. (La lucha de un pueblo por cumplir su destino histórico y su vocación de libertad)*, Miami: Ediciones Universal.
MELLAFE, Rolando (1964): *La esclavitud en Hispanoamérica*, Buenos Aires: Editorial Universitaria de Buenos Aires.
MINT, Sidney W. (1985): *Dulzura y poder. El lugar del azúcar en la historia moderna*, México: Siglo XXI.
MOLINER, María (1982): *Diccionario de uso del español*. 2 tomos, Madrid: Gredos.
MORENO FRAGINALS, Manuel (1977): "Africa in Cuba: A Quantitative Analysis of the African Population in the Island of Cuba", en Rubin, Vera y Tuden, Arthur Tuden (eds.), *Comparative Perspectives on Slavery in New World Plantation Societies*, New York: The New York Academy of Sciences, 187-201.
— (1978): *El ingenio: complejo económico social cubano del azúcar*. 3 volúmenes, La Habana: Editorial de Ciencias Sociales.
— (1983): *La historia como arma y otros estudios sobre esclavos, ingenios y plantaciones*, Barcelona: Editorial Crítica.

Moya Pons, Frank, y Engerman, Stanley L. (1985): *Between Slavery and Free Labor: The Spanish Speaking Caribbean in the Nineteenth Century*, Baltimore: The Johns Hopkins University Press.

Ortiz, Fernando (1978): *Contrapunteo cubano del tabaco y el azúcar*, Caracas: Biblioteca Ayacucho.

Pérez, Louis A. Jr. (1988): *Cuba. Between Reform and Revolution*, Oxford and New York: Oxford University Press.

Pino-Santos, Óscar (1964): *Historia de Cuba. Aspectos fundamentales*, La Habana: Editorial Nacional de Cuba.

Real Academia de la Lengua (1992): *Diccionario de la lengua española*. 2 tomos, Madrid: Espasa Calpe, S.A.

Rout, Leslie B. (1976): *The African Experience in Spanish America*, Cambridge: Cambridge University Press.

Rubin, Vera, y Tuden, Arthur (1977): *Comparative Perspectives on Slavery in New World Plantation Societies*, New York: The New York Academy of Sciences.

Scott, Rebecca (1985): *Slave Emancipation in Cuba*, Princeton: Princeton University Press.

Sommer, Doris (1943) *Foundational Fictions*, Los Angeles: University of California Press, 1991.

Torres-Cuevas, Eduardo, y Sorhegui, Arturo (eds.) (1982): *José Antonio Saco: Acerca de la esclavitud y su historia*, La Habana: Editorial de Ciencias Sociales.

Walvin, James (1986): *England, Slaves and Freedom, 1776-1838*, Jackson and London: University Press of Mississippi.

Williams, Eric (1970): *From Columbus to Castro: The History of the Caribbean*, New York: Random House.